한 눈 에 보 고 이 해 하 는

비주얼 씽킹

김지원 지음

초등 영문법①

DARAKWON

비주얼 씽킹 초등 영문법❶

지은이 김지원
펴낸이 정규도
펴낸곳 (주)다락원

초판 1쇄 발행 2022년 12월 1일
초판 2쇄 발행 2023년 4월 27일

총괄책임 허윤영
기획·책임편집 김민주
영문 감수 Michael A. Putlack
표지·본문 디자인 박나래
전산편집 이현해
일러스트 양혜민
이미지 shutterstock.com

다락원 경기도 파주시 문발로 211
내용문의 (02)736-2031 (내선 524)
구입문의 (02)736-2031 (내선 250~252)
Fax (02)732-2037
출판등록 1977년 9월 16일 제406-2008-000007호

http://www.darakwon.co.kr

ISBN 978-89-277-0167-5 63740

한 눈 에 보 고 이 해 하 는

비주얼 씽킹

초등 영문법 ①

안녕하세요. 여러분의 영어를 구해 드리겠습니다. 유튜브에서 '영어응급실 지원쌤' 채널을 운영하며 많은 분들을 영어 위기에서 구해 드리고 있는 김지원입니다. 저는 올해로 벌써 11년 차 강사인데요, 그동안 EBS 〈지원쌤의 영단어 믹스&매치〉, 〈더뉴 중학영어〉, 〈중학영어 클리어〉, 〈잉글리시 서바이벌〉을 포함해서 SBS와 MBC 방송, 그리고 웅진, 안녕 자두야, 스몰빅 클래스 등에서 많은 영어 학습자 분들과 소통해 왔습니다.

토종 국내파가 EBS의 최연소 영어 강사로 데뷔해 열심히 영어를 공부하고 가르치는 동안, 한국의 초등 영어 교육에 대해 아쉬운 점들이 생겼어요. 사실 우리나라 초등 교과서에는 문법 영역이 따로 없습니다. 그러나 패턴 학습은 존재하죠. 패턴은 사실 문법의 또 다른 표현입니다. 결국은 초등학교 때부터 문법 학습이 시작되는 것이죠. 많은 학생이 문법에 부담을 느끼는 이유가 'be동사', '조동사', 'to부정사' 같은 어려운 한자어 때문일 거예요. 초등학생들이 "Hi, I'm Jiweon."이라는 말의 뜻은 쉽게 이해하지만, "I가 주어이자 인칭 대명사고, am은 be동사야" 이런 식으로 설명하면 어려워하잖아요.

저는 기존 초등 영문법 교재에서 이런 부분이 아쉬웠습니다. 제가 이 책을 쓰기 전에 시중에 있는 교재를 20권 이상 열심히 탐독하고선 초등에서 중등으로 넘어가는 브리지 즉 가교 역할을 하는 책이 없다는 생각을 했습니다. 사실 초등 영어와 중등 영어가 아예 다르지는 않아요. 문장이나 단어 자체의 난이도는 큰 차이가 없습니다. 그러나 많은 친구가 중학교 때 갑자기 당황스러움을 느끼는 이유는, 한자어로 이루어진 문법 용어 때문입니다. 시중에 나와 있는 초등 영문법 교재 중에서 한자어로 된 문법 용어를 정말 쉽고 말랑말랑하게, 초등학생 친구들이 거부감 없이 학습할 수 있도록 만든 책이 없는 것 같았습니다. 그래서 이 책은, 그런 어려운 한자 용어를 최대한 쉽게 풀어서 설명했습니다.

무엇보다 문법의 큰 틀을 이해하고 기억하기 쉽게 비주얼 씽킹 요소를 넣어 효율적으로 정리했습니다. 아이들 입장에서는 그림이나 표로 정리되어 있는 자료가 훨씬 친숙하고 이해도 빠르죠. 이 책을 통해 문법 개념을 비주얼 씽킹으로 공부한 아이들은 튼튼한 문법 토대를 쌓게 될 것입니다. 또한 한 챕터가 끝날 때마다 비주얼 씽킹 방식을 사용해 나만의 문법 정리 노트를 만들어 본다면, 지금 자리잡은 문법 지식이 중학교, 고등학교 영어도 두렵지 않게 하는 자산이 될 거예요.

자, 이제 영어 문장의 틀을 순서대로 학습할 수 있게 구성한 목차에 따라 공부할 준비가 되었나요? 챕터별 핵심 내용을 요약 정리한 저의 무료 강의 영상부터 보면 전체적인 틀을 이해하는 것이 훨씬 더 쉬울 거예요.

이 책은 초등 영문법 기초를 튼튼히 다지고 싶은 초등학생, 특히 초등 수준에서 중등 수준으로 넘어가는 학습자에게 최고의 가교 역할을 해 줄 것입니다. 또한 집에서 엄마표 아빠표로 영어 문법을 지도하고자 하는 가정에도 도움이 될 것으로 기대합니다. 이 책이 많은 초등학생 친구들의 영어를 구해 줄 수 있는 책이 되길 바라면서, 저는 여러분과 책으로 또 방송으로 계속 소통을 이어 가겠습니다.

김지원

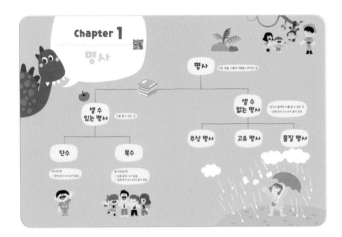

Chapter 에서 배울 핵심 문법 개념을 비주얼 씽킹으로 정리해 놓아 한눈에 미리 살펴볼 수 있어요. 재미있는 그림이 개념 이해를 도와줘요.

UNIT 은 2페이지로 구성되어 있어요.
양쪽 페이지에 연관된 두 개념이 이어져 있어서 한눈에 살펴볼 수 있어요.
개념 학습 후에는 쉬운 문제를 풀면서 개념을 확실히 익혀요. 주로 그림을 보며 바로바로 풀 수 있는 문제가 많아요.

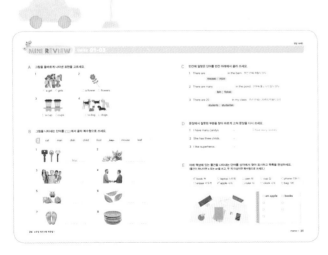

2~3개 단원을 학습한 후에는 **MINI REVIEW** 가 나와서 개념을 잊기 전에 얼른 복습할 수 있어요. 다양한 유형의 문제를 풀면서 문법 개념을 제대로 이해했는지 확인해요.

챕터가 끝나기 전, 학교 시험에서 출제되는 문제 유형으로 구성된 CHAPTER REVIEW가 나와요. 지금까지 배운 내용을 실전에 적용하는 연습을 해 볼 수 있어요. 주관식 서술형 문제에도 대비해요.

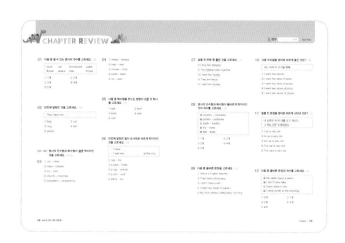

챕터의 마지막에는 핵심 개념을 모아 다시 정리하는 개념 정리 코너가 있어요. 낯선 문법 용어를 빈칸에 써 보면서 확실히 자기 것으로 만들어요. 헷갈리는 개념도 명쾌해져요.

 지원쌤의 쏙쏙 문법 강의!

 챕터별 핵심 내용을 쏙쏙 골라 알기 쉽게 설명해 주는 지원쌤의 강의를 보며 공부하세요! 챕터 시작 부분에 있는 QR코드로 간편하게 강의를 시청할 수 있어요.

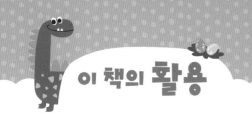

이 책의 활용

하루에 2페이지씩 가볍게, 꾸준히 공부하세요.

이 책은 한 단원이 2페이지로 구성되어 있어 책상에 오래 앉아 있는 것을 싫어하는 학생도 부담스럽지 않게 학습할 수 있습니다. 하루에 2페이지씩 꾸준히 학습하면 두 달 정도에 책을 끝낼 수 있어요. 페이지 우측 상단에 날짜를 기록해 가면서 매일 학습해 보세요.

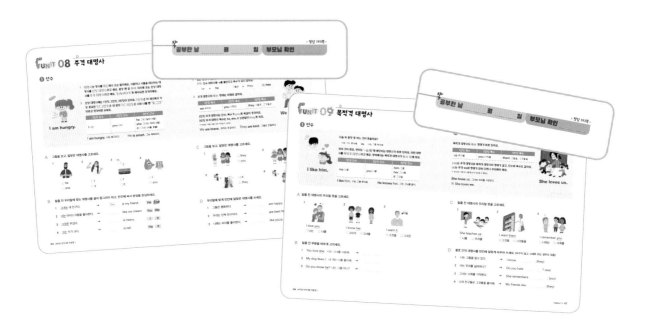

MINI REVIEW로 중간중간 실력을 점검하세요.

두세 단원마다 나오는 MINI REVIEW로 2~3일 동안 학습한 내용을 점검하고 넘어갈 수 있습니다. 정답을 맞히지 못한 문제가 있다면 해당 단원으로 돌아가 내용을 복습해 보세요. 이렇게 하면 자기가 약한 부분을 꼼꼼히 짚고 넘어갈 수 있습니다.

CHAPTER REVIEW에서 점수를 계산해 보세요.

챕터 마지막에 있는 CHAPTER REVIEW에서 문항별 점수를 합산해 40점(50점 만점)을 넘지 않으면 챕터의 내용을 충분히 이해하지 못한 것입니다. 앞으로 돌아가 챕터 내용을 전체적으로 다시 복습하세요.

저자 선생님의 동영상 강의를 보며 공부하세요.

저자 지원쌤의 강의를 챕터 시작 전에 한 번, 챕터 내용을 모두 학습한 후에 한 번, 이렇게 두 번 시청하세요. 알쏭달쏭한 문법 개념을 명쾌하게 설명해 주는 강의를 통해 훨씬 쉽고 정확히 내용을 이해할 수 있습니다.

이 책의 차례

① 영어 문장의 뼈대

영어 문장과 한국어 문장은 어떻게 다를까요? 영어나 한국어나 문장의 주인공인 주어가 먼저 나오고 동사가 뒤에 나오는 것은 똑같아요. 하지만 목적어가 있을 때는 순서가 달라져요. 한국어에서는 '주어+목적어+동사' 순으로 나오지만 영어에서는 '주어+동사+목적어' 순으로 나온답니다.

✔ **한국어 문장**

내가	너를	좋아한다.
주어	목적어	동사
_____가	_____을	_____한다

✔ **영어 문장**

I (내가)	like (좋아한다)	you (너를).
주어	동사	목적어
_____가	_____한다	_____을

➡ **결론!** 들어가야 하는 말은 영어나 한국어나 똑같아요. 순서가 다를 뿐!

이렇게, 문장을 말할 때는 문장 속 '순서'가 중요해요. 한국어에는 '조사'(은/는/을/를 등)가 있어요. 그래서 단어 순서를 막 바꿔도 말이 됩니다. 하지만! 영어는 그냥 단어만 있어요. 조사 개념이 없는 것이죠. 그래서 영어는 순서마다(자리마다) 조사를 미리 붙여 놓은 것입니다. 그러니까 순서를 꼭 지켜 주어야 말이 통하겠죠?

✔ **한국어**

나는 너를 좋아해.
= 나는 좋아해 너를.
= 좋아해 나는 너를.

순서를 막 바꿔도 말이 됨 + 같은 의미임

✔ **영어**

I like you.
≠ Like I you. (???)
≠ You like I. (???)

전혀 말이 안 됨 + 같은 의미가 아님

➡ **결론!** 영어 문장의 순서는 '~가' '~한다' '~를'

② 영어 문장의 성분

영어 문장의 필수 성분에는 주어, 서술어(동사), 목적어, 보어 이렇게 4가지가 있어요.

주어

'주어가 뭐야?'라고 물어 보면, 이렇게 3가지를 이야기하기!

❶ **정의** 문장의 주인공

❷ **해석** ~은/는/이/가

❸ **품사** 명사(= 사람 또는 사물의 이름), 대명사

My name is Allison. 내 이름은 앨리슨이다.

He likes reading comic books. 그는 만화책 읽는 것을 좋아한다.

My brother uses my toy. 내 오빠가 내 장난감을 쓴다.

The weather is good. 날씨가 좋다.

서술어(동사)

'한국말은 끝까지 들어 봐야 해'라는 말이 있죠? 이유가 뭘까요? 제일 중요한 본론인 서술어가 맨 뒤에 나오거든요.
모든 언어에서 '서술어(동사)'는 아주 중요해요. 영어도 마찬가지랍니다.

❶ **정의** 문장의 주인공이 하는 일

❷ **해석** ~이다/~하다

❸ **품사** 동사

My name **is** Allison. 내 이름은 앨리슨이다. (be동사)

My brother **uses** my toy. 내 오빠가 내 장난감을 쓴다. (일반동사)

I **can speak** English. 나는 영어를 말할 수 있다. (조동사)

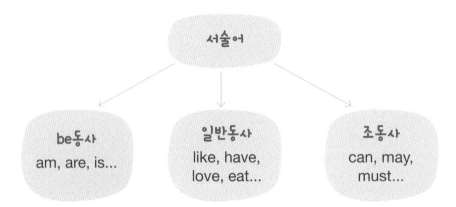

목적어

목적어는 '목적', 즉 어떤 행동이나 생각의 '대상'이 되는 말이에요. 예를 들어 내가 세준이를 좋아한다면 '세준'은 내가 좋아하는 '대상'인 거죠. 또 내가 스테이크를 먹는다면 '스테이크'는 내가 먹는 '대상'인 거예요. 그런데 목적어가 두 개일 수도 있어요. 내가 세준이에게 스테이크를 사 준다면, '세준'과 '스테이크' 둘 다 내가 사 주는 행동의 '대상'이 되죠.

❶ **정의** 문장의 주인공이 하는 일을 당하는 애

❷ **해석** ～을/를, (가끔은) ～에게

❸ **품사** 명사, 대명사

❹ '대상'이라는 말이 나오면 목적어

I eat a burger. 나는 햄버거를 먹는다.

I send him an email. 나는 그에게 이메일을 보낸다.

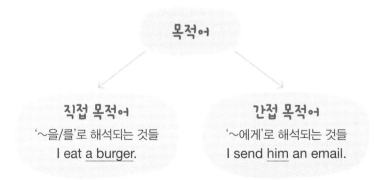

보어

보어는 주어나 목적어를 '보충'해 주는 말이에요. 주어나 목적어에 대해서 보충 설명을 한다고 생각하면 돼요.

❶ **정의** 보충하는 말
❷ **해석** 붙이는 조사 없음. 예문으로 접근!
❸ **품사** 명사, 형용사

I am a student. 나는 학생이다.

I am smart. 나는 똑똑하다.

만약 "I am."(나는 ～이다.) 이렇게 문장이 끝난다면 어때요? 굉장히 어색하죠? 그렇다고 뒤에 목적어(～을/를)가 온다면 '나는 학생을이다.'가 되어 더 이상해요!

→ **결론!** 주어, 동사까지 썼는데 그대로 끝내자니 이상해. 그렇다고 '～을/를' 쓰자니 더 이상하네? 에잇, 보충하는 말을 만들어 버리자!

보어

주격 보어	목적격 보어
주어를 보충 설명	목적어를 보충 설명
I am a student.	You make me happy.

Chapter 1

명사

셀 수
있는 명사 〜 수를 셀 수 있는 것

단수

하나일 때
✓ 앞에 관사 a나 an이 붙음

복수

둘 이상일 때
✓ 보통 끝에 -s가 붙음
✓ 앞에 관사 a나 an이 붙지 않음

명사

사람, 동물, 사물의 이름을 나타내는 말

셀 수 없는 명사

공기나 물처럼 수를 셀 수 없는 것
✓ 앞에 관사 a나 an이 붙지 않음

추상 명사

고유 명사

물질 명사

UNIT 01 셀 수 있는 명사(1)

❶ 단수

a book

1 책(book), 아이(child), 자동차(car) 등은 하나, 둘, 셋… 이렇게 셀 수 있어요. 이런 명사를 셀 수 있는 명사라고 해요.

2 '단' 하나라는 '수'를 나타낼 때는 단수라고 해요. 셀 수 있는 명사가 '하나'라는 것을 나타낼 때 영어에서는 명사 앞에 a를 써요.

> a + book = a book (하나의) 책

3 모음(a, e, i, o, u)으로 시작하는 명사 앞에는 a 대신 an을 붙여요.

> an + egg = an egg (하나의) 달걀

★ a와 an에 대해서는 UNIT 06-07에서 더 자세히 배워요.

A 주어진 표현에 맞는 그림의 알파벳을 빈칸에 쓰세요.

a 　　　b 　　　c 　　　d

1 a child ___c___　　　　**2** a mouse _____

3 an orange _____　　　**4** a fish _____

B 우리말과 영어 표현을 알맞게 연결하세요.

1 컵 한 개		**a**	a dog
2 사과 한 개		**b**	a girl
3 개 한 마리		**c**	a cup
4 여자아이 한 명		**d**	an apple

❷ 복수

1 둘 이상을 복수라고 해요.

a book 책 한 권 (단수)   books 책들 (복수)

2 셀 수 있는 명사가 둘 이상일 때는 보통 끝에 **-s**를 붙여 복수를 표시해요.

book + s = book**s** 책들

egg + s = egg**s** 달걀들

girl + s = girl**s** 여자아이들

boy + s = boy**s** 남자아이들

teacher + s = teacher**s** 선생님들

books

C 그림을 올바르게 나타낸 표현을 고르세요.

1
☐ a pen
☑ pens

2
☐ a bike
☐ bikes

3
☐ a carrot
☐ carrots

4
☐ a boy
☐ boys

D 우리말에 맞게 괄호 안의 명사를 복수형으로 바꾸어 빈칸에 쓰세요.

1 연필 세 자루 → three ___pencils___ (pencil)

2 사과 여섯 개 → six _____ (apple)

3 고양이 두 마리 → two _____ (cat)

4 여자아이 네 명 → four _____ (girl)

UNIT 02 셀 수 있는 명사(2)

① 명사 + -es

boxes

복수를 표시할 때, 발음을 쉽게 하려고 -s 대신 -es를 붙이는 경우가 있어요.

1 s로 끝나는 명사

| bus | → | buses | | dress | → | dresses |

2 x로 끝나는 명사

| box | → | boxes | | fox | → | foxes |

3 ch, sh로 끝나는 명사

| bench | → | benches | | dish | → | dishes |

4 o로 끝나는 명사

| hero | → | heroes | | potato | → | potatoes |

A 그림을 올바르게 나타낸 표현을 고르세요.

1

☐ foxs
☐ foxes

2

☐ peachs
☐ peaches

3

☐ boxes
☐ boxs

4

☐ brushs
☐ brushes

B 우리말에 맞게 괄호 안의 명사를 복수형으로 바꾸어 빈칸에 쓰세요.

1 접시 두 장 ➡ two _____ (dish)

2 드레스 다섯 벌 ➡ five _____ (dress)

3 감자 여섯 개 ➡ six _____ (potato)

4 버스 세 대 ➡ three _____ (bus)

② 명사 + -ies, 명사 + -ves

1   복수를 표시할 때, 발음을 쉽게 하려고 y를 i로 바꾸고 -es를 붙일 때가 있어요. '자음+y'로 끝나는 명사일 때 그렇게 해요.

     candy → candies   baby → babies

   주의! '모음+y'로 끝나면 -s만 붙여요.

     key → keys   toy → toys

2   명사의 복수를 표시할 때, 발음을 쉽게 하려고 f를 v로 바꾸고 -(e)s를 붙일 때가 있어요. f나 fe로 끝나는 명사일 때 그래요.

     leaf → leaves   knife → knives

   주의! roof처럼 f로 끝나도 그냥 -s만 붙이는 경우도 있어요. (roofs)

candies

C   그림을 올바르게 나타낸 표현을 고르세요.

1

☐ babys
☐ babies

2

☐ flies
☐ flys

3

☐ cherrys
☐ cherries

D   그림에 알맞은 표현에 동그라미 하고, 그 표현을 빈칸에 써서 문장을 완성하세요.

1

~~leaves~~ / leafs

There are many ___leaves___ .

2

wolfs / wolves

I see four _____ .

UNIT 03 셀 수 있는 명사 (3)

❶ 불규칙 변화 1

men

단수형과 복수형이 아예 **다르게** 생긴 명사들도 있어요. 꼭 외워 두세요.

단수	복수
man 남자	men 남자들
child 어린이	children 어린이들
ox 황소	oxen 황소들
woman 여자	women 여자들
person 사람	people 사람들
mouse 쥐	mice 쥐들

A 그림을 올바르게 나타낸 표현을 고르세요.

1

☐ womans
☐ women

2

☐ mice
☐ mouses

3

☐ childs
☐ children

B 우리말에 맞게 괄호 안의 명사를 복수형으로 바꾸어 빈칸에 쓰세요.

1 쥐 세 마리 → three ＿＿＿＿＿＿＿ (mouse)

2 남자 네 명 → four ＿＿＿＿＿＿＿ (man)

3 황소 여섯 마리 → six ＿＿＿＿＿＿＿ (ox)

4 사람 다섯 명 → five ＿＿＿＿＿＿＿ (person)

② 불규칙 변화 2

1   중간에 oo가 들어간 단어들은 oo를 ee로 바꿔 줘요.

tooth 치아 → teeth 치아들　　goose 거위 → geese 거위들
foot 발 → feet 발들

2   단수형과 복수형이 같은 명사들도 있어요.

sheep 양 → sheep 양들　　fish 물고기 → fish 물고기들
deer 사슴 → deer 사슴들

Ⓧ sheeps　fishes　deers

teeth

C   그림을 올바르게 나타낸 표현을 고르세요.

1
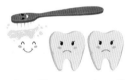
☐ tooths　☐ teeth

2

☐ feet　☐ foots

3

☐ gooses　☐ geese

4

☐ fish　☐ fishes

5

☐ deer　☐ deers

6

☐ sheep　☐ sheeps

D   잘못된 것을 찾아 바르게 고쳐 표현을 다시 쓰세요. 잘못된 것이 없으면 'OK'라고 쓰세요.

1   three sheep　→　　　OK　　　　　**2**   two fish　　→

3   two feets　→

A 그림을 올바르게 나타낸 표현을 고르세요.

1

☐ a girl ☐ girls

2

☐ a flower ☐ flowers

3

☐ a cup ☐ cups

4

☐ a dog ☐ dogs

B 그림을 나타내는 단어를 보기 에서 골라 복수형으로 쓰세요.

보기	cat	man	dish	child	foot	~~key~~	mouse	leaf

1

keys

2

_____

3
_____

4
_____

5

_____

6
_____

7

_____

8
_____

C 빈칸에 알맞은 단어를 빈칸 아래에서 골라 쓰세요.

1 There are _____ in the barn. 헛간 안에 쥐들이 있다.

mouses | mice

2 There are many _____ in the pond. 연못에 물고기가 많이 있다.

fish | fishes

3 There are 20 _____ in my class. 우리 반에는 20명의 학생이 있다.

students | studentes

D 문장에서 잘못된 부분을 찾아 바르게 고쳐 문장을 다시 쓰세요.

1 I have many candys. → _I have many candies._

2 She has three childs. → _____

3 I like superheros. → _____

E 아래 책상에 있는 물건을 나타내는 단어를 상자에서 찾아 표시하고 목록을 완성하세요.
(물건이 하나이면 a 또는 an을 쓰고, 두 개 이상이면 복수형으로 쓰세요.)

☑ book 책　　☐ laptop 노트북　　☐ pen 펜　　☐ cup 컵　　☐ phone 전화기
☐ eraser 지우개　　☑ apple 사과　　☐ ruler 자　　☐ clock 시계　　☐ bag 가방

☐ an apple　　☐ books

☐　　☐

☐　　☐

☐

UNIT 04 셀 수 없는 명사(1)

❶ 추상 명사

peace

1. 하나, 둘, 셋… 이렇게 수를 세기 어려운 명사를 셀 수 없는 명사라고 해요. 셀 수 없는 명사는 a/an을 붙이거나 복수형으로 쓸 수 없어요.

2. 눈으로 볼 수 없고 만질 수도 없는 생각이나 감정, 개념 같은 명사들을 추상 명사라고 해요. 구체적인 형태가 있지 않고 머릿속으로 떠올려야만 알 수 있는 명사라는 뜻! 추상 명사는 대부분 셀 수 없어요.

love 사랑	peace 평화	friendship 우정
music 음악	fun 재미	luck 운
happiness 행복	hope 희망	homework 숙제

A 둘 중에서 추상 명사를 고르세요.

1

☐ love   ☐ cat

2

☐ friend   ☐ friendship

3

☐ music   ☐ guitar

4

☐ book   ☐ homework

B 우리말에 맞는 표현을 고르세요.

1. 행운   ☐ good luck   ☐ a good luck

2. 행복   ☐ a happiness   ☐ happiness

3. 재미있게 놀다   ☐ have funs   ☐ have fun

② 고유 명사

1 세상에 딱 하나뿐이어서 굳이 하나, 둘… 이렇게 셀 필요가 없는 것도 있어요. 나라 이름처럼요. Korea(한국)는 세상에 하나밖에 없죠. 이렇게 세상에 딱 하나뿐인 명사를 고유 명사라고 불러요. 고유 명사는 셀 수 없는 명사니까 a/an을 붙이거나 복수형으로 쓸 수 없어요.

2 고유 명사에는 사람 이름(Tom, Jane, Minho), 나라 이름(Korea, USA, China), 도시 이름(Seoul, New York), 장소 이름(Mt. Everest), 요일(Sunday), 달 이름(January) 등이 있어요.

3 고유 명사는 첫 글자를 항상 대문자로 써요. 딱 하나뿐인 걸 강조하는 느낌!

Korea

C 그림을 올바르게 나타낸 표현을 고르세요.

1

☐ china ☐ China

2
☐ January ☐ a January

3

☐ Seoul ☐ Seouls

4

☐ a Sophia ☐ Sophia

D 다음 문장의 밑줄 친 부분을 어법에 맞게 고쳐 쓰세요.

1 Cathy is from a Canada. → _____Canada_____

2 My sister's name is a Julie. → _____

3 Today is Sundays. → _____

UNIT 05 셀 수 없는 명사(2)

❶ 물질 명사 1

a glass of water

1 그냥은 셀 수 없지만 단위를 사용하면 셀 수 있는 명사도 있어요. 주로 액체류에 해당하는데, 이런 명사를 물질 명사라고 불러요. 예를 들어 물(water)은 '잔(glass)'이라는 단위로 셀 수 있어요.

> water 물 → a glass of water 물 한 잔   ⊗ ~~a water~~

2 물이 두 잔 이상이면 단위에 -(e)s를 붙여 복수형으로 만들어요. '물'을 복수형으로 쓰면 안 돼요!

> two glasses of water 물 두 잔   ⊗ ~~two waters~~

3 액체류를 세는 단위는 다음과 같아요.

> a glass of ~ 한 잔   a cup of ~ 한 컵   a bottle of ~ 한 병

A 그림을 올바르게 나타낸 표현을 고르세요.

1

☐ a milk
☐ a glass of milk

2

☐ two cup of coffees
☐ two cups of coffee

3

☐ three bottles of juice
☐ three juices

B 우리말에 맞게 괄호 안에서 알맞은 것에 동그라미 하세요.

1 사과 주스 한 잔 → a (**glass** / **glasses**) of apple juice

2 생수 한 병 → (**a** / **a bottle of**) mineral water

3 차 세 잔 → three cups of (**tea** / **teas**)

❷ 물질 명사 2

1 고체류 중에서도 물질 명사가 있어요. 빵(bread), 치즈(cheese), 쌀/밥 (rice), 소금(salt), 종이(paper) 같은 것들이에요. 각각의 명사에 붙여 쓰는 단위는 다음과 같아요.

a loaf of **bread** 빵 한 덩어리
a bowl of **rice** 밥 한 그릇
a sheet of **paper** 종이 한 장
a piece of **cake** 케이크 한 조각
a piece[slice] of **pizza/cheese** 피자/치즈 한 조각

a loaf of bread

2 이때에도 단위에 -(e)s를 붙여 복수를 나타낼 수 있어요.

two loaves of **bread** 빵 두 덩어리 ⊗ two breads

C 그림을 올바르게 나타낸 표현을 고르세요.

1

☐ a rice
☐ a bowl of rice

2

☐ two pieces of cake
☐ two pieces of cakes

3

☐ a paper
☐ a sheet of paper

D 잘못된 것을 찾아 바르게 고쳐 표현을 다시 쓰세요. 잘못된 것이 없으면 'OK'라고 쓰세요.

1 a piece of cheese → _____

2 two slices of pizzas → _____

3 a bread → _____

A 그림을 올바르게 나타낸 표현을 고르세요.

1

☐ a hope   ☐ hope

2

☐ japan   ☐ Japan

3

☐ March   ☐ a March

4

☐ love   ☐ loves

5

☐ salt   ☐ salts

6

☐ tea   ☐ a tea

B 보기 와 같이 주어진 표현을 괄호 안의 숫자로 시작하는 표현으로 적절히 바꾸어 쓰세요.

보기   a glass of milk (3) → <u>three glasses of milk</u>

1 a slice of cheese (4) → _____

2 a loaf of bread   (6) → _____

3 a cup of coffee   (2) → _____

4 a bottle of wine   (3) → _____

5 a piece of pizza   (4) → _____

6 a glass of water   (5) → _____

C 다음 문장에서 잘못된 부분을 찾아 동그라미 하고, 올바른 문장으로 고쳐 쓰세요.

1 Tim drinks two glass of apple juice every day. 팀은 매일 사과 주스 두 잔을 마신다.

→ _____

2 Good lucks to you! 너에게 행운을 빌어!

→ _____

3 She is from a Shanghai. 그 애는 상하이에서 왔어.

→ _____

D 단어의 순서를 맞춰 문장을 만들어 보세요.

1 have | fun | We | together.   → _____

2 She | Korea. | from | is   → _____

3 today. | I | homework | have   → _____

4 love | I | K-pop | music.   → _____

E 다음 중 빈칸에 알맞은 말을 골라 쓰세요. 필요하면 형태를 바꾸어 쓰세요. (한 번씩만 사용할 것)

| Russia | ~~pencil~~ | water | bread | sugar | Kelly | Sunday |

1 I have five _____pencils_____ in my pencil case.

2 Sally buys a loaf of _____ at the supermarket.

3 _____ tastes sweet.

4 I don't go to school today. It is _____.

5 _____ is my best friend.

6 Ivan is from _____.

7 I need a glass of _____.

UNIT 06 관사

❶ 관사

a cup

1 영어에서는 셀 수 있는 명사를 혼자 쓰면 안 돼요. 관사는 명사의 짝꿍이에요. 명사가 단수일 때는 관사 a 또는 the를 붙여야 해요.

    a cup   컵 하나   the cup   그 컵   ⊗ ~~cup~~

2 a는 부정관사라고 하고 '하나'를 뜻해요. 특별히 딱 지정해서 말하는 게 아닐 때 a를 써요. the는 정관사라고 하고 '그'라는 뜻을 담고 있어요. 이미 얘기한 적 있는 명사, 말하는 사람끼리 서로 알고 있는 명사 앞에는 the를 써요.

I need a cup. 나는 컵 하나가 필요해. (아무 컵이나 괜찮음)

I need the cup. 나는 그 컵이 필요해. (특정한 컵을 말함)

★ UNIT 07에서 더 자세히 배워요.

A 그림을 올바르게 나타낸 표현을 고르세요.

1
   ☐ pencil
   ☐ a pencil

2
   ☐ book
   ☐ books

3
   ☐ a rabbit
   ☐ rabbit

4
   ☐ a man
   ☐ men

B 우리말과 영어 문장이 같은 뜻이 되도록 빈칸에 알맞은 말을 쓰세요.

1 나는 매일 바나나 한 개를 먹는다. → I eat _____ _____ every day.

2 조심해. 그 상자는 무거워. → Be careful. _____ box is heavy.

3 제니는 차가 한 대 있다. 그 차는 초록색이다.

→ Jenny has a car. _____ _____ is green.

② 복수형일 때의 관사 사용

1 우리말과 달리 영어에서는 명사가 하나인지 둘 이상인지 구분해서 쓰
는 것이 중요해요. 둘 이상이면 반드시 복수형으로 써야 해요.

cup**s** 컵들   three cup**s** 세 개의 컵   ⊗ three cup

2 복수 명사 앞에는 부정관사 a를 붙이지 않아요.

⊗ a cups

3 이미 얘기한 적 있거나 말하는 사람끼리 서로 알고 있는 복수 명사
앞에 정관사 the를 써요.

There are three cups on the table. I need the cups.
식탁 위에 컵이 세 개 있어. 나는 그 컵들이 필요해.

three cups

C 그림을 올바르게 나타낸 표현을 고르세요.

1

☐ elephant
☐ elephants

2

☐ four tree
☐ four trees

3

☐ a cars
☐ cars

4

☐ a box
☐ boxes

D 괄호 안에서 알맞은 것에 동그라미 하세요.

1 My aunt has four (**dog** / **dogs**).

2 I want a new (**cell phone** / **cell phones**).

3 My sister wears glasses. (**A glass** / **The glasses**) are thick.

UNIT 07 a/an과 the

① a/an

an eraser

1. 셀 수 있는 명사 앞에는 '하나'를 뜻하는 부정관사 a를 쓴다고 배웠죠.
이때 명사의 발음이 모음(a, e, i, o, u)으로 시작하면 a 대신 an을 써요.

   a pen   펜 하나   an eraser   지우개 하나

2. 명사가 모음 u로 시작해도 발음이 [유]일 때는 a를 붙여요. 또 자음 h로
시작해도 묵음이라 발음되지 않으면 an을 붙여요.

   a uniform   교복 한 벌   an hour   한 시간

3. 명사 앞에 꾸며 주는 말이 올 때는 a/an을 그 말에 맞춰 씁니다.

   an English teacher   영어 선생님 한 분

A   a와 an 중에서 알맞은 것을 고르세요.

1

a / an orange

2

a / an dress

3

a / an old man

4

a / an student

5

a / an egg

6

a / an uniform

B   우리말에 맞게 빈칸에 알맞은 말을 쓰세요.

1 그 여자분은 영어 선생님이다. → She is _____ English teacher.

2 톰은 작은 집 한 채가 있다. → Tom has _____ small house.

3 내 형은 대학생이다. → My brother is _____ university student.

❷ the

1 이미 얘기한 적 있는 명사, 말하는 사람끼리 서로 알고 있는 명사 앞
에는 '그'를 뜻하는 정관사 the를 쓴다고 배웠어요.

   a king   어느 한 왕   the king   그 왕

2 세상에 하나밖에 없는 태양, 달, 하늘 같은 단어 앞에도 the를 써요.
하나뿐이니까 '그'라고 딱 지정해 주는 거예요.

   the sun 태양   the moon 달   the sky 하늘

3 악기를 연주한다고 할 때 악기 앞에 the를 써요.

   I play the piano.   나는 피아노를 쳐.

the king

C   a와 the 중에서 알맞은 것을 고르세요.

1    **2**   **3**

   a / the sky   **a / the** sun   **a / the** moon

D   괄호 안에서 알맞은 것에 동그라미 하세요.

1   Minzy sings a song. (**A** / **The**) song is nice.

2   There is a bottle on the table. (**A** / **The**) bottle is empty.

3   Joe has (**a** / **the**) hamster. (**A** / **The**) hamster is cute.

4   My mother works at a bank. (**A** / **The**) bank is very big.

5   I play (**a** / **the**) piano. My sister plays (**a** / **the**) violin.

A 그림을 올바르게 나타낸 표현을 고르세요.

1
☐ an apple   ☐ apples

2
☐ a bird   ☐ birds

3
☐ a sun   ☐ the sun

4
☐ the girl   ☐ the girls

B 그림과 주어진 우리말을 보고, 빈칸에 a, an, the 중 알맞은 관사를 쓰세요.

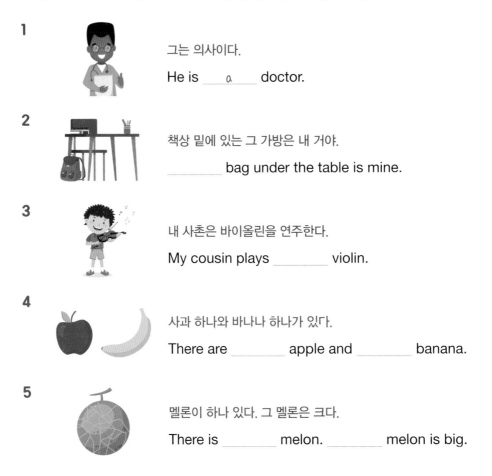

1
그는 의사이다.

He is ___a___ doctor.

2
책상 밑에 있는 그 가방은 내 거야.

_____ bag under the table is mine.

3
내 사촌은 바이올린을 연주한다.

My cousin plays _____ violin.

4
사과 하나와 바나나 하나가 있다.

There are _____ apple and _____ banana.

5
멜론이 하나 있다. 그 멜론은 크다.

There is _____ melon. _____ melon is big.

C 밑줄 친 부분을 바르게 고쳐 쓰세요.

1 This present is for you. There is <u>a card in a present.</u> 이 선물은 네 거야. 선물에 카드가 있어.

→ _____

2 <u>Moon</u> is bright tonight. 오늘 밤에 달이 밝네.

→ _____

D 괄호 안의 단어를 사용해서 우리말과 일치하도록 빈칸에 알맞은 말을 쓰세요.

1 이건 재미있는 책이야. (interesting)

This is ___*an*___ ___*interesting*___ ___*book*___ .

2 나는 매일 피아노를 쳐. (play)

I _____ _____ _____ every day.

3 벽에 그림 한 점이 있다. 그 그림은 아름답다. (picture)

There is a picture on the wall. _____ _____ is beautiful.

E 알맞은 표현을 골라 다음 글을 완성하세요.

¹ ((A girl)/ Girl) says hello to me. I don't know ² (a / the) girl.

I think about her for ³ (a / an) hour. Oh, I remember!

She lives in ⁴ (a / an) apartment near my house. She plays

⁵ (a / the) violin.

01 다음 중 셀 수 있는 명사의 개수를 고르세요. 2점

| duck | car | homework | water |
| flower | peace | tree | Korea |

① 1개   ② 2개

③ 3개   ④ 4개

⑤ 5개

02 빈칸에 알맞은 것을 고르세요. 2점

They have two _____.

① bag   ② cat

③ dog   ④ fish

⑤ pencil

[03~04] 명사의 단수형과 복수형이 잘못 짝지어진 것을 고르세요. 각 2점

03
① city – cities
② class – classes
③ toy – toys
④ church – churches
⑤ strawberry – strawberrys

04
① sheep – sheeps
② man – men
③ mouse – mice
④ tooth – teeth
⑤ ox – oxen

05 다음 중 복수형을 만드는 방법이 다른 것 하나를 고르세요. 2점

① leaf   ② wolf

③ knife   ④ wife

⑤ roof

06 빈칸에 알맞은 말이 순서대로 바르게 짝지어진 것을 고르세요. 3점

- I have _____.
- I see two _____ at the zoo.

① cap – fox
② a caps – foxes
③ a cap – wolves
④ a shirt – wolf
⑤ shirts – fox

07 밑줄 친 부분 중 **틀린** 것을 고르세요. 2점

① I buy two <u>dresses</u>.

② The <u>children</u> play together.

③ I have two <u>boxes</u>.

④ They are <u>heros</u>.

⑤ I read two <u>stories</u>.

08 명사의 단수형과 복수형이 올바르게 짝지어진 것의 개수를 고르세요. 3점

> ⓐ country – countries
> ⓑ potato – potatoes
> ⓒ tooth – tooths
> ⓓ toy – toies
> ⓔ leaf – leafs

① 1개   ② 2개

③ 3개   ④ 4개

⑤ 5개

09 다음 중 올바른 문장을 고르세요. 2점

① She is a English teacher.

② They have cute puppy.

③ I don't have a salt.

④ I need two sheet of papers.

⑤ My mom drinks coffee every morning.

10 다음 우리말을 영어로 바르게 옮긴 것은? 3점

> 나는 피자 두 조각을 원해.

① I want two pizzas.

② I want two slice of pizza.

③ I want two slice of pizzas.

④ I want two slices of pizza.

⑤ I want two slices of pizzas.

11 밑줄 친 문장을 영어로 바르게 나타낸 것은? 3점

> 내 삼촌은 차 한 대를 갖고 계신다.
> <u>그 차는 아주 오래되었다.</u>

① Car is very old.

② A car is very old.

③ An car is very old.

④ The car is very old.

⑤ The cars is very old.

12 다음 중 올바른 문장의 개수를 고르세요. 4점

> ⓐ My sister plays a piano.
> ⓑ I don't have bike.
> ⓒ Stars shine in sky.
> ⓓ I drink a milk in the morning.

① 0개   ② 1개

③ 2개   ④ 3개

⑤ 4개

주관식 서술형

13 괄호 안의 단어를 빈칸에 알맞은 형태로 쓰세요. 각 4점

(1) We have two _____ (puppy).

(2) I eat a _____ (sandwich) and three _____ (tomato) for breakfast.

14 우리말과 같은 의미가 되도록 괄호 안의 단어를 이용해서 문장을 완성하세요. 5점

저는 접시 세 개가 필요해요. (dish)

→ I need _____ _____.

15 주어진 단어들 이용해서 우리말을 영어로 나타낸 문장을 완성하세요. 7점

나는 밥 두 그릇을 먹는다.
- bowl

→ I eat _____ _____.

명사 개념 정리

01 사람이나 사물의 이름을 나타내는 단어를 ⬜⬜ 라고 한다.

02 하나의 명사를 ⬜⬜ 라고 하고, 둘 이상의 명사를 ⬜⬜ 라고 한다.

03 명사의 복수형을 만들 때는 보통 −⬜ 를 붙인다.

04 s, x, sh, ch, o로 끝나는 단어의 복수형을 만들 때는 −s 대신 −⬜⬜ 를 붙인다. (예: box → ⬜⬜⬜⬜⬜)

05 불규칙한 복수형도 있다. (예: man → ⬜⬜⬜ , tooth → ⬜⬜⬜⬜⬜ , fish → ⬜⬜⬜)

06 셀 수 ⬜⬜ 명사에는 크게 고유 명사, 추상 명사, 물질 명사가 있다. 물질 명사는 ⬜⬜ 를 사용해서 셀 수 있다.

07 단수 명사 앞에는 부정⬜⬜ a를 붙인다.

08 명사의 발음이 ⬜⬜ (a, e, i, o, u)으로 시작할 때는 관사 a 대신 ⬜⬜ 을 쓴다.

09 특정한 것, 이미 얘기한 것, 하나밖에 없는 것, '그'라는 해석이 자연스러운 것 앞에는 정관사 ⬜⬜⬜ 를 쓴다.

Chapter 2

대명사

지시 대명사

가까이 있거나 멀리 있는 사람 또는 사물을 가리킬 때 쓰는 말

this, that, these, those

주격

'~은/는/이/가'

I, you, he, she, it, we, they

대명사

명사를 대신해서 쓰는 말

인칭 대명사

사람 또는 사물을
대신해서 쓰는 말

목적격

'~을/를'

me, you,
him, her, it,
us, them

소유격

'~의'

my, your,
his, her, its,
our, their

소유 대명사

'~의 것'

mine, yours,
his, hers,
ours, theirs

UNIT 08 주격 대명사

① 단수

I am hungry.

1 대명사는 명사를 대신해서 쓰는 말이에요. 사람이나 사물을 대신하는 대명사를 인칭 대명사라고 해요. 문장 맨 앞 주어 자리에 오는 인칭 대명사를 주격 대명사라고 해요. '은/는/이/가'로 해석되면 주격이에요.

2 인칭 대명사에는 1인칭, 2인칭, 3인칭이 있어요. 1인칭은 이 세상에서 가장 중요한 '나', 2인칭은 내 앞의 '너', 3인칭은 나와 너를 뺀 '걔, 그것'이라고 생각하면 쉬워요.

1인칭 단수	2인칭 단수	3인칭 단수
I 나는	you 너는	he 그는 (남자 사람) she 그녀는 (여자 사람) it 그것은 (사물, 동물)

I am hungry. 나는 배고프다. **He is smart.** 그는 똑똑하다.

A 그림을 보고, 알맞은 대명사를 고르세요.

1
☐ he
☐ she

2
☐ I
☐ it

3
☐ I
☐ it

4
☐ I
☐ you

B 밑줄 친 우리말에 맞는 대명사를 골라 동그라미 하고, 빈칸에 써서 문장을 완성하세요.

1 <u>그녀는</u> 내 친구다. → _____She_____ is my friend. He (She)

2 <u>너는</u> 아이스크림을 좋아한다. → _____ like ice cream. You We

3 <u>그것은</u> 무겁다. → _____ is heavy. I It

4 <u>그는</u> 키가 크다. → _____ is tall. He It

❷ 복수

1 모든 대명사에는 **단수**와 **복수** 형태가 따로 있어요.
주의! 단수 대명사에 -s를 붙인다고 복수가 되지 않아요!

| 그는 | = | he | 그들은 | = | they | ⓧ <s>hes</s> |

2 주격 대명사의 **복수** 형태는 아래와 같아요.

1인칭 복수	2인칭 복수	3인칭 복수
we 우리는	you 너희는	they 그들은, 그것들은

2인칭 주격 대명사는 단수, 복수가 you로 똑같이 생겼어요.
3인칭 주격 대명사 복수는 he, she, it 상관없이 they로 써요.
★ they는 '사람, 사물' 모두 가리킬 수 있어요.

We are brave. 우리는 용감하다.   **They are kind.** 그들은 친절하다.

We are brave.

C 그림을 보고, 알맞은 대명사를 고르세요.

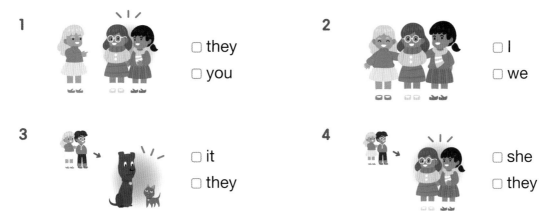

1
☐ they
☐ you

2
☐ I
☐ we

3
☐ it
☐ they

4
☐ she
☐ they

D 우리말에 맞게 빈칸에 알맞은 대명사를 쓰세요.

1 그들은 행복하다.   ➔   _____ are happy.

2 우리는 단짝 친구이다.   ➔   _____ are best friends.

3 너희는 피자를 좋아한다.   ➔   _____ like pizza.

UNIT 09 목적격 대명사

❶ 단수

I like him.

다음 두 문장 중 어느 것이 맞을까요?

나는 그는 좋아해. **vs.** 나는 그를 좋아해.

뒤의 것이 맞죠. 영어도 '~을/를'에 해당하는 대명사가 따로 있어요. 이런 대명사를 **목적격 대명사**라고 해요. 영어에서는 목적격 대명사가 **동사 뒤**에 와요.

1인칭 단수	2인칭 단수	3인칭 단수
me 나를	you 너를	him 그를 her 그녀를 it 그것을

I like him. 나는 그를 좋아해.   **He knows** her. 그는 그녀를 알아.

A 밑줄 친 대명사의 우리말 뜻을 고르세요.

1

I love you.
☐ 너는   ☐ 너를

2

I know her.
☐ 그녀가   ☐ 그녀를

3

I want it.
☐ 그것을   ☐ 그것은

B 밑줄 친 부분을 바르게 고치세요.

1 You love she. 너는 그녀를 사랑해. ➔ _____

2 My dog likes I. 내 개는 나를 좋아해. ➔ _____

3 Do you know he? 너는 그를 아니? ➔ _____

❷ 복수

목적격 대명사도 복수 형태가 따로 있어요.

1인칭 복수	2인칭 복수	3인칭 복수
us 우리를	you 너희를	them 그들을, 그것들을

you는 주격 대명사와 목적격 대명사의 형태가 같고, 단수와 복수도 같아요.
us는 주격 we와 형태가 전혀 다르니 주의해야 해요.

★ them은 '사람'과 '사물'을 모두 대신할 수 있어요.

She loves us. 그녀는 우리를 사랑한다.

⊗ She loves ~~we~~.

She loves us.

C 밑줄 친 대명사의 우리말 뜻을 고르세요.

1

She teaches <u>us</u>.
☐ 나를   ☐ 우리를

2

I want <u>them</u>.
☐ 그것을   ☐ 그것들을

3

I remember <u>you</u>.
☐ 너희는   ☐ 너희를

D 괄호 안의 대명사를 빈칸에 알맞게 바꾸어 쓰세요. (바꾸지 않고 그대로 쓰는 경우도 있음)

1 나는 그들을 알고 있다.   → I know _____. (they)

2 너는 우리를 싫어하니?   → Do you hate _____? (we)

3 그녀는 너희를 기억한다.   → She remembers _____. (you)

4 나의 친구들은 그것들을 좋아해. → My friends like _____. (they)

A 그림을 올바르게 나타낸 대명사를 고르세요.

1

☐ she ☐ they

2

☐ she ☐ it

3

☐ she ☐ we

4

☐ they ☐ it

B 밑줄 친 대명사의 우리말 뜻을 고르세요.

1 She knows <u>him</u>.   ☐ 그녀를   ☐ 그는   ☐ 그를

2 <u>It</u> is beautiful.   ☐ 그것을   ☐ 그것은   ☐ 그들을

3 <u>You</u> are late.   ☐ 너는   ☐ 나를   ☐ 너를

4 Mr. Lee teaches <u>us</u>.   ☐ 우리는   ☐ 그들을   ☐ 우리를

5 <u>I</u> have a brother.   ☐ 나를   ☐ 나는   ☐ 너를

6 We like <u>her</u>.   ☐ 우리를   ☐ 그녀를   ☐ 그녀는

7 <u>They</u> are my cousins.   ☐ 그들을   ☐ 그들은   ☐ 그는

8 <u>He</u> is my uncle.   ☐ 그는   ☐ 그녀는   ☐ 그를

9 <u>They</u> are my books.   ☐ 그들은   ☐ 그것들은   ☐ 그것들을

10 I love <u>it</u>.   ☐ 그것은   ☐ 그것을   ☐ 그것들을

C 밑줄 친 명사를 대신하는 대명사를 빈칸 아래에서 골라 쓰세요.

1 My dad is at home now. _____ is in the living room.

He | Him

2 My baby sister is cute. I love _____.

she | her

3 Ben and Ian are from Britain. _____ are my friends.

He | They

D 잘못된 부분을 찾아 바르게 고쳐 문장을 다시 쓰세요.

1 Them like chicken. → _____

2 I miss he. → _____

3 Mom loves I. → _____

4 Many people help we. → _____

E 다음 글을 읽고, 밑줄 친 말에 해당하는 영어 대명사를 각 번호의 빈칸에 쓰세요.

리사와 민우는 나의 제일 친한 친구들이다. 나는 ¹ 그들을 좋아하고,

² 그들은 ³ 나를 좋아한다. ⁴ 우리는 매일 함께 논다. 리사는 잘하는 것이

많다. ⁵ 그녀는 영어를 무척 잘한다. 민우는 키가 크다. 그는 농구를 잘한다.

모두가 ⁶ 그를 좋아한다.

1 ____them____   **2** _____   **3** _____

4 _____   **5** _____   **6** _____

UNIT 10 지시 대명사(1)

❶ this

I want this.

1   무언가를 가리킬 때 쓰는 대명사를 지시 대명사라고 해요. 가까이 있는 물건이나 사람 '하나'를 가리킬 때는 this를 사용해요. 물건일 때는 '이것', 사람일 때는 '이 사람'으로 해석해요. 지시 대명사 this는 주어 또는 목적어 자리에 쓸 수 있어요.

This is my brother. 이 사람은 나의 형이다.

I want this. 나는 이것을 원한다.

2   this가 명사 앞에서 명사를 꾸며 줄 때도 있어요. 이때의 this를 지시 형용사라고 하고, '이 ~'라고 해석해요.

This movie is interesting. 이 영화는 재미있어.

A 그림을 보고, 둘 중에서 알맞은 것을 고르세요.

1

This / That is my friend Jane.

2

I like **this / that**.

3

This / That is my phone.

4

This / It is my brother.

B 우리말과 일치하도록 빈칸에 알맞을 말을 써서 문장을 완성하세요.

1   이것은 만화책이야.   →   _____ is a comic book.

2   이분은 내 수학 선생님이셔.   →   _____ is my math teacher.

3   나 이 노래 알아.   →   I know _____ song.

② that

1 멀리 있는 물건이나 사람 '하나'를 가리킬 때는 that을 사용해요. 물건일 때는 '저것', 사람일 때는 '저 사람'으로 해석해요. 지시 대명사 that은 주어 또는 목적어 자리에 쓸 수 있어요.

That is my uncle. 저 사람은 내 삼촌이다.

I like **that**. 난 저것을 좋아한다.

2 that이 명사 앞에서 명사를 꾸며 줄 때도 있어요. 이때의 that을 지시 형용사라고 하고, '저 ~'라고 해석해요.

That girl is my friend Sue. 저 여자애는 내 친구 수야.

I like that.

C 그림을 보고, 둘 중에서 알맞은 것을 고르세요.

1

This / That is a big star.

2

This / That picture is cool.

3

This / That is my hat.

4

I want **this / that** book.

D 우리말에 맞게 밑줄 친 부분을 바르게 고치세요. 고칠 필요가 없으면 'OK'라고 쓰세요.

1 저것은 나의 학교이다. <u>This</u> is my school.   → _____

2 이것은 개미이다. <u>That</u> is an ant.   → _____

3 저 모자 예쁘다. <u>That</u> cap is nice.   → _____

UNIT 11 지시 대명사(2)

❶ these

These are my shoes.

1 가까이 있는 물건이나 사람 '둘 이상'을 가리킬 때는 these를 사용해요. '이것들' 또는 '이 사람들'이라고 해석해요. 명사 앞에서 명사를 꾸며 줄 때는 '이 ~'라는 뜻이 돼요.

These **are my shoes.** 이것들은 내 신발이야.

These **shoes are old.** 이 신발은 낡았어.

2 these를 주어로 쓸 때는 동사와 뒤의 명사에 주의하세요. 복수형에 맞게 써 주어야 해요. (is → are / 단수 명사 → 복수 명사)

These **are my friends.** 이 애들은 내 친구들이야.

ⓧ These ~~is~~ my ~~friend~~.

A 그림을 보고, 둘 중에서 알맞은 것을 고르세요.

1

This / These are my books.

2

This / These is my dad.

3

This / These monkeys are smart.

4

This / These are my friends.

B 우리말에 맞게 밑줄 친 부분을 바르게 고쳐 빈칸에 쓰세요.

1 이것들은 나의 우표들이야. These <u>is</u> my stamps. → _____

2 이것들은 그의 축구공이야. <u>This</u> are his soccer balls. → _____

3 이 애는 내 여동생이야. This <u>are</u> my sister. → _____

❷ those

1 멀리 있는 물건이나 사람 '둘 이상'을 가리킬 때는 those를 사용해요. '저것들' 또는 '저 사람들'이라고 해석해요. 명사 앞에서 명사를 꾸며 줄 때는 '저 ~'라는 뜻이 돼요.

Those are nice shoes. 저것들은 멋진 신발이네.
Those shoes are nice. 저 신발은 멋지다.

2 those를 주어로 쓸 때는 동사와 뒤의 명사에 주의하세요. 복수형에 맞게 써 주어야 해요.

Those are my parents. 저분들은 내 부모님이셔.
ⓧ Those ~~is~~ my ~~parent~~.

Those are nice shoes.

C 그림을 보고, 둘 중에서 알맞은 것을 고르세요.

1

These / Those are my cousins.

2

That / Those are big watermelons.

3

These / Those are my dogs.

4

These / Those are horses.

D 우리말에 맞게 빈칸에 알맞은 대명사를 써 넣어 문장을 완성하세요.

1 저 건물들은 높다. → _____ buildings are tall.

2 저 애들은 내 친구들이다. → _____ are my friends.

3 얘들은 내 고양이들이다. → _____ are my cats.

A 그림을 적절히 나타낸 표현을 고르세요.

1 ☐ this ☐ those

2 ☐ this ☐ these

3 ☐ that ☐ these

4 ☐ this ☐ that

B 그림을 보고, 둘 중에서 알맞은 것을 고르세요.

1 **This** / **That** is my umbrella.

2 **That** / **This** is my cousin.

3 **That is** / **Those are** birds.

4 **These** / **Those** cherries are delicious.

5 These are my best **friend** / **friends**.

C 우리말과 일치하도록 잘못된 부분을 고쳐 문장을 다시 쓰세요.

1 이 꽃들은 너를 위한 거야. Those flowers are for you.

→ _____

2 저것은 비싼 차야. Those are an expensive car.

→ _____

3 이것들은 그녀가 아끼는 접시들이다. This is her favorite plates.

→ _____

D 단어의 순서를 맞춰 문장을 만들어 보세요.

1 my | That | is | violin. → _____

2 This | my | uncle. | is → _____

3 are | These | shoes | new. → _____

4 Those | are | classmates. | my → _____

E 다음 글을 읽고, 문장마다 잘못된 부분을 찾아 바르게 고쳐 문장을 다시 쓰세요.

¹ These are my bed.

² This is my dolls.

³ That are my books.

⁴ That are my guitar.

1 _____ This is my bed. _____

2 _____

3 _____

4 _____

UNIT 12 소유격 대명사(소유 형용사)

① 단수

This is my book.

다음 두 문장 중 어느 것이 맞을까요?

이것은 나는 책이야.   **vs.**   이것은 나의 책이야.

뒤의 것이 맞죠. 영어도 '~의'에 해당하는 대명사가 따로 있어요. 어떤 것이 누구의 것인지 나타내는 말을 소유격 대명사라고 해요. 소유격 대명사는 반드시 뒤에 명사가 따라 나와요.

1인칭 단수	2인칭 단수	3인칭 단수
my 나의	your 너의	his 그의 her 그녀의 its 그것의

A 둘 중에서 알맞은 것을 고르세요.

1

my / **I** nose

2

it / **its** tail

3

his / **him** phone

4

she / **her** hairband

B 우리말에 맞게 빈칸에 알맞은 대명사를 써 넣어 문장을 완성하세요.

1 내 가방은 커. → _____ bag is big.

2 나는 너의 새 필통이 마음에 들어. → I like _____ new pencil case.

3 제니는 그의 이름을 알아. → Jenny knows _____ name.

공부한 날	월	일	부모님 확인

② 복수

1 소유격 대명사 복수 형태는 아래와 같아요.

1인칭 복수	2인칭 복수	3인칭 복수
our 우리의	your 너희의	their 그들의, 그것들의

our는 주격 we나 목적격 us와 형태가 전혀 다르니 주의해야 해요.

our teacher   우리의 선생님   ⊗ ~~we~~ teacher   ⊗ ~~us~~ teacher

2 복수 형태일 때도 소유격 대명사는 반드시 뒤에 명사가 따라 나와요.

That is our teacher. 저분은 우리 선생님이시다.   ⊗ That is ~~our~~.

That is our teacher.

C   그림을 보고, 둘 중에서 알맞은 것을 고르세요.

1

its / **their** baby

2

us / **our** dog

3

their / **its** toys

4

your / **you** car

D   밑줄 친 부분을 바르게 고치세요. 고칠 필요가 없으면 'OK'라고 쓰세요.

1   I know <u>them</u> names. 나는 그들의 이름을 알아.   ➡ _____

2   That is <u>we</u> house. 저게 우리 집이야.   ➡ _____

3   <u>You</u> uniforms are nice. 너희의 교복은 멋지다.   ➡ _____

UNIT 13 소유 대명사

① 단수

This is mine.

소유격과 명사를 합쳐, '~의 것'을 나타내는 단어를 소유 대명사라고 불러요. 어떤 물건이 누구의 것인지 나타낼 때 사용해요. 간단히 줄여 말할 수 있으니 편리한 표현이죠?

~의(소유격) + 것(명사) = ~의 것(소유 대명사)

This is my doll. → **This is** mine. 이건 내 거야.
That is your book. → **That is** yours. 저건 네 거야.

1인칭 단수	2인칭 단수	3인칭 단수
mine 나의 것	yours 너의 것	his 그의 것 hers 그녀의 것

A 둘 중에서 알맞은 것을 고르세요.

1

That umbrella is **her / hers**.

2

This pencil is **your / yours**.

3

The watch is **his / him**.

4

This car is **my / mine**.

B 밑줄 친 부분을 알맞은 소유 대명사로 바꾸어 문장을 다시 쓰세요.

1 It is <u>his ball</u>. → *It is his.*

2 This is <u>your hat</u>. → _____

3 <u>Her bag</u> is on the table. → _____

❷ 복수

소유 대명사 **복수** 형태는 아래와 같아요.

1인칭 복수	2인칭 복수	3인칭 복수
ours 우리의 것	yours 너희의 것	theirs 그들의 것

That is our car. → **That is** ours. 저것은 우리의 것이다.
These are your toys. → **These are** yours. 이것들은 너희의 것이다.
Those are their bikes. → **Those are** theirs. 저것들은 그들의 것이다.

That is ours.

C 둘 중에서 알맞은 것을 고르세요.

1

This house is **our / ours**.

2

The presents are **your / yours**.

3

The cat is **their / theirs**.

4

Those are **their / theirs** horses.

D 괄호 안의 대명사를 소유 대명사로 바꾸어 빈칸에 써서 문장을 완성하세요.

1 Our car is black. _____Theirs_____ is white. (they)

2 Your dog is quiet. _____ is noisy. (we)

3 Their school is small. _____ is big. (you)

① 명사에 -'s 붙이기

Allison's book

1 대명사가 아닌 **명사**의 소유격을 나타내는 법을 알아볼까요? 단수 명사 뒤에 -'(어퍼스트로피)를 붙인 뒤 s를 쓰면 '~의'라는 뜻이 됩니다.

단수 명사 + ' + s = ~의

my sister's bag 내 언니의 가방

2 **고유 명사**에도 마찬가지로 -'s를 붙여서 '~의'라는 뜻을 나타내요.

주의! 고유 명사가 s로 끝날 때도 -'s를 붙이고, [-씨즈]라고 읽어요.

Allison's book 앨리슨의 책

Chris's pen [크리씨즈] 크리스의 펜

A 그림을 보고, 빈칸에 알맞은 말을 쓰세요. 명사의 소유격을 활용하세요.

1

← Jane

<u>Jane's</u> puppy

2

← Peter

_____ guitar

3

← Grandma

_____ glasses

4

↙ our dog

_____ house

B 밑줄 친 부분을 바르게 고치세요. 고칠 필요가 없으면 'OK'라고 쓰세요.

1 That is <u>Amys</u> umbrella. 저것은 에이미의 우산이다. → _____

2 My <u>brother</u> shoes are dirty. 내 동생의 신발은 더럽다. → _____

3 This is my <u>mom'</u> coat. 이것은 엄마의 코트이다. → _____

❷ 명사에 -'만 붙이기

1 명사가 **복수라서 이미 s로 끝난** 경우, 발음을 편하게 하기 위해 '(어퍼스트로피) 뒤의 s는 **생략**해 줍니다.

복수 명사(-s) + ' = ~들의

girls' party 여자아이들의 파티 ⊗ girls's party

students' books 학생들의 책들 ⊗ students's books

2 **s로 끝나지 않는** 불규칙한 형태의 복수 명사일 때는 -'s를 붙입니다.

children's room 아이들의 방

women's shoes 여자들의 신발

girls' party

C 그림을 보고, 둘 중에서 알맞은 것을 고르세요.

1

the **student's / students'** uniforms

2

the **boys / boys'** soccer team

3

the **dogs' / dogs's** food

4

the **children' / children's** toys

D 우리말에 맞게 괄호 안의 명사를 빈칸에 알맞은 형태로 바꾸어 써서 문장을 완성하세요.

1 그곳은 내 남동생들의 방이다. → It's my ___brothers'___ room. (brother)

2 내 고양이들의 눈은 초록색이다. → My _____ eyes are green. (cat)

3 그것들은 남자들의 옷이다. → Those are _____ clothes. (man)

A 보기와 같이 주어진 문장을 적절한 형태로 바꾸어 쓰세요.

> 보기   I have a bike. → It is <u>my</u> bike. → It is <u>mine</u>.

1 She has a violin. → It is _____ violin. → It is _____.

2 We have a house. → It is _____ house. → It is _____.

3 They have a room. → It is _____ room. → It is _____.

4 You have a car. → It is _____ car. → It is _____.

B 그림을 보고, 둘 중에서 알맞은 것을 고르세요.

1 It is **her** / **ours** camera.

2  **Yours** / **His** little sister is cute.

3  This is **their** / **its** house.

4  **Your** / **Theirs** friends are cool.

5  The **books'** / **book's** cover is red.

C 우리말과 일치하도록 잘못된 부분을 바르게 고쳐 문장을 다시 쓰세요.

1 나는 마이크(Mike)의 비밀을 알고 있다. I know Mike secret.

➡ _____

2 그 남자아이들의 방은 깨끗하다. The boy's room is clean.

➡ _____

3 이 책들은 나의 것이다. These books are my.

➡ _____

D 단어의 순서를 맞춰 문장을 만들어 보세요.

1 is | gentle. | Jane's | dog   ➡ _____

2 Her | Clara. | is | name   ➡ _____

3 is | yours. | This | notebook   ➡ _____

4 I | know | names. | my grandparents' ➡ _____

E 다음 글을 읽고, 밑줄 친 단어를 바르게 고쳐 각 번호의 빈칸에 쓰세요.

This is my ¹ sister room. There are ² hers photos on the wall. There is my T-shirt on the bed. The book on the bed is also ³ my. There is my ⁴ brother' laptop on the floor. She always uses ⁵ us things.

1 _____sister's_____   **2** _____   **3** _____

4 _____   **5** _____

CHAPTER REVIEW

01 다음 대명사 중 3인칭인 것을 모두 고르세요. 2점

① you
② he
③ she
④ it
⑤ we

04 다음 중 지시 대명사가 아닌 것을 고르세요. 2점

① that
② this
③ those
④ them
⑤ these

02 빈칸에 공통으로 들어갈 말로 알맞은 것은? 3점

> A: Do you know that girl?
> B: Yes, I know _____. She is Brandon's sister.
> A: Do you know _____ name?
> B: No, I don't.

① we
② her
③ our
④ us
⑤ them

05 다음 중 단수 형태와 복수 형태가 잘못 짝지어진 것은? 2점

① this pen – these pens
② your book – yours books
③ their sister – their sisters
④ that man – those men
⑤ my friend – my friends

03 밑줄 친 대명사의 성격이 나머지와 다른 하나를 고르세요. 3점

① I like it very much.
② I see him at school every day.
③ They are my friends.
④ Everyone likes her.
⑤ I know them very well.

06 괄호 안에서 알맞은 표현이 순서대로 나열된 것은? 3점

> • (This / These) is my grandfather.
> • (That / Those) are my shoes.
> • (That / Those) game is fun.
> • (This / These) are my favorite fruits.

① This – That – That – These
② This – Those – Those – These
③ These – That – Those – This
④ These – That – That – This
⑤ This – Those – That – These

[07~08] 빈칸에 들어갈 말로 가장 알맞은 것을 고르세요. 각 2점

07

> Martha and I are good friends.
> _____ are in the same class.

① Us ② They
③ We ④ Them
⑤ You

08

> Mike and Jenny are a couple.
> _____ daughter is 7 years old.

① Your ② His
③ Her ④ Their
⑤ Our

09 다음 중 어법상 <u>어색한</u> 문장을 고르세요. 2점

① My teachers are kind.
② This oranges are sweet.
③ That is her house.
④ Those are nice shoes.
⑤ Your friends are cool.

10 빈칸에 들어갈 수 있는 것을 <u>모두</u> 고르세요. 3점

> _____ favorite sport is tennis.

① His
② Hers
③ Mr. Kim's
④ My sister's
⑤ My friends

11 어법상 올바른 문장을 고르세요. 2점

① I like my mom's new bike.
② This is Alex' hat.
③ Those is Tom's badges.
④ These jacket is mine.
⑤ She is my brothers girlfriend.

12 괄호 안에서 어법상 적절한 것을 고르세요. 각 2점

(1) (We / Us) have a test today.

(2) James has a cute pencil case. He likes (it / its).

(3) They have a car. (Theirs / Their) car is new.

13 우리말에 맞게 주어진 말을 빈칸에 각각 한 번씩 써서 영어 문장을 완성하세요. 4점

> 재스민(Jasmine)은 두 명의 여동생이 있다. 그들은 쌍둥이이다. 그들의 이름은 새러(Sarah)와 페니(Penny)이다. 재스민은 그들을 사랑한다.
> * **them, they, their**

→ Jasmine has two little sisters. _____ are twins. _____ names are Sarah and Penny. Jasmine loves _____ .

14 우리말에 맞게 빈칸에 알맞은 지시 대명사를 쓰세요. 각 3점

(1) 이것은 나의 자리이고, 저것은 그녀의 자리이다.

→ _____ is my seat, and _____ is her seat.

(2) 이것들은 우리의 책이고, 저것들은 그들의 것이다.

→ _____ are our books, and _____ are theirs.

15 우리말과 일치하도록 영어 문장에서 잘못된 부분을 찾아 바르게 고쳐 문장을 다시 쓰세요. 각 4점

(1) 부모들은 그들의 자녀들을 사랑한다. Parents love his children.

→ _____

(2) 이것들은 저 아이들의 장난감이다. These are those childrens' toys.

→ _____

대명사 개념 정리

01 명사를 대신하는 말을 ☐☐☐라고 한다.

02 ☐인칭은 '나', ☐인칭은 '너', ☐인칭은 '나'와 '너'를 뺀 '걔, 그것'을 뜻한다.

03 대명사는 ☐격(~은), ☐☐격(~을), ☐☐격(~의)이 있다.

04 주격 대명사는 문장 맨 앞 ☐☐ 자리에 오는 대명사로, '은/는/이/가'로 해석된다.

05 목적격 대명사는 '~을/를'에 해당하는 대명사로, 동사 ☐에 온다.

06 소유격 대명사는 '~의'에 해당하는 대명사로, 반드시 뒤에 ☐☐가 따라 나온다.

07 소유 대명사는 '~의 ☐'이라는 뜻이다.

08 지시 대명사는 가까이 있거나 멀리 있는 물건 또는 사람을 가리키는 말이다. ☐☐☐☐☐(이것), ☐☐☐☐☐(저것), ☐☐☐☐☐☐(이것들), ☐☐☐☐☐☐(저것들)가 있다.

09 명사의 소유격은 단수 명사일 때는 -'s를 붙이고, s로 끝나는 ☐☐☐ 명사일 때는 s를 붙이지 않고 -'만 붙인다.

Chapter 3

be동사 현재

be동사 → '~이다' 또는 '~에 있다'

과거형 → 지나간 일에 대해 말할 때
*2권에서 배워요!

현재형 → 현재에 대해 말할 때

am → 주어가 I일 때

are → 주어가 you, we, they일 때

is → 주어가 he, she, it일 때

동사

주어가 무엇을 하는지 나타내는 말

일반동사

be동사와 조동사를 뺀
모든 동사

*Chapter 4에서 배워요!

조동사

be동사나 일반동사와 함께
쓰여 의미를 더해 주는 동사

*2권에서 배워요!

I am

You are

He is

We are

They are

UNIT 15 be동사 현재 긍정문(1)

1 I am / you are

I am a student.

1 be동사는 '~이다' 또는 '(~에) 있다'라는 뜻입니다.
   I am a student. 나는 학생이다.   **I am at school.** 나는 학교에 있다.

2 be동사는 주어가 I면 am, 주어가 you면 are로 써요. be동사가 '~이다'
   의 뜻일 때 동사 뒤에 오는 말을 주어와 = 표시로 이해하면 쉬워요.
   I am a student. 나는 학생이다. (I = a student)
   You are tall. 너는 키가 크다. (you = tall)

3 '(어퍼스트로피)를 써서 '주어+be동사'를 줄여 쓸 수 있어요.

I am → I'm	you are → you're

A 빈칸에 am과 are 중에서 알맞은 것을 쓰세요.

1

I _____ a teacher.

2

I _____ beautiful.

3

You _____ late.

4

You _____ awesome!

B '주어+be동사'를 알맞게 줄여서 문장을 다시 쓰세요.

1 You are healthy. → _____ You're healthy. _____

2 I am a dancer. → _____

3 You are at the park. → _____

② he is / she is / it is

1   주어가 he, she, it이면 be동사는 is로 써요.

<u>He</u> is a doctor. 그는 의사이다. (he = a doctor)

<u>She</u> is kind. 그녀는 친절하다. (she = kind)

<u>It</u> is my phone. 그것은 내 전화기이다. (it = my phone)

<u>It</u> is on the desk. 그것은 책상 위에 있다.

2   '(어퍼스트로피)를 써서 '주어+be동사'를 줄여 쓸 수 있어요.

he is → he's   she is → she's
it is → it's

He is a doctor.

C   밑줄 친 be동사의 뜻으로 알맞은 것을 고르세요.

1

☐ ~이다
☐ 있다

She <u>is</u> at home.

2

☐ ~이다
☐ 있다

She <u>is</u> my daughter.

3

☐ ~이다
☐ 있다

It <u>is</u> easy.

4

☐ ~이다
☐ 있다

He <u>is</u> at school.

D   밑줄 친 부분을 바르게 고치세요.

1   He <u>are</u> my best friend. 그는 내 제일 친한 친구이다.   →   _____

2   <u>Its</u> on the table. 그것은 탁자 위에 있다.   →   _____

3   <u>She'is</u> in the classroom. 그녀는 교실에 있다.   →   _____

UNIT 16 be동사 현재 긍정문(2)

① we are / you are / they are

We are friends.

1 주어가 복수 대명사(we, you, they)이면 be동사는 are로 써요.

<u>We</u> are friends. 우리는 친구이다. (we = friends)

<u>You</u> are students. 너희들은 학생이다. (you = students)

<u>They</u> are rich. 그들은 부자이다. (they = rich)

2 '(어퍼스트로피)를 써서 '주어+be동사'를 줄여 쓸 수 있어요.

| we are → we're | you are → you're |
| they are → they're | |

A 빈칸에 알맞은 be동사를 쓰세요.

1

We _____ sisters.

2

You _____ good!

3

They _____ at a restaurant.

4

We _____ at school.

B 괄호 안에서 알맞은 것을 고르세요.

1   They (**is** / **are**) in France.

2   She (**are** / **is**) an artist.

3   You (**are** / **am**) teenagers.

❷ 주어가 명사일 때

1 주어가 '하나'인 단수 명사라면 be동사는 is로 쓰면 돼요.

<u>My sister</u> **is** smart. 내 언니는 똑똑하다.

<u>Brian</u> **is** my cousin. 브라이언은 내 사촌이다.

<u>Their house</u> **is** old. 그들의 집은 낡았다.

2 주어가 '둘 이상'인 복수 명사일 때는 are로 쓰면 돼요.

<u>Emma and Eva</u> **are** twins. 에마와 에바는 쌍둥이다.

<u>Our teachers</u> **are** kind. 우리 선생님들은 친절하시다.

<u>His books</u> **are** in the bag. 그의 책들은 가방 안에 있다.

**Emma and Eva
are twins.**

C 둘 중에서 알맞은 것을 고르세요.

1

The baby **is / are** happy.

2

The kids **is / are** kind.

3

Mina and Ben **is / are** at the park.

4

The trees **is / are** green.

D 우리말에 맞게 빈칸에 알맞은 be동사를 쓰세요.

1 그녀의 이름은 다혜(Dahye)이다. → Her name _____ Dahye.

2 그 학생들은 중국에서 왔다. → The students _____ from China.

3 내가 제일 좋아하는 달은 5월이다. → My favorite month _____ May.

A 밑줄 친 be동사의 뜻으로 알맞은 것을 고르세요.

1

☐ ～이다
☐ 있다

She <u>is</u> Korean.

2

☐ ～이다
☐ 있다

They <u>are</u> in Egypt.

3

☐ ～이다
☐ 있다

He <u>is</u> a singer.

4

☐ ～이다
☐ 있다

Carrie <u>is</u> in bed.

B 빈칸에 알맞은 be동사를 쓰세요.

1

The kids ＿＿＿＿＿＿＿＿＿ at the swimming pool.

2

The man ＿＿＿＿＿＿＿＿＿ very strong.

3

The girl ＿＿＿＿＿＿＿＿＿ at the zoo.

4

Clara, Minho, and Bin ＿＿＿＿＿＿＿＿＿ ten years old.

C 문장에서 잘못된 부분을 찾아 바르게 고쳐 문장을 다시 쓰세요.

1 He are in the bedroom. 그는 침실에 있다.

→ _____

2 I'am very hungry. 나는 배가 많이 고프다.

→ _____

3 My parents is doctors. 내 부모님은 의사이시다.

→ _____

D 단어의 순서를 맞춰 문장을 만들어 보세요.

1 are | healthy. | My | grandparents → _____

2 at | home. | I | am → _____

3 She | my son's | is | teacher. → _____

4 in | Brazil. | is | My | brother → _____

5 We | now. | are | busy → _____

E 다음 글을 읽고, 각 빈칸에 알맞은 be동사를 써 넣으세요.

I have four friends. We ¹ _____ in the same class

at school. Suji is Korean. She ² _____ very

smart. Anh and Chi ³ _____ from Vietnam.

They ⁴ _____ twins. Haruto is Japanese.

He ⁵ _____ very kind. I love my friends.

UNIT 17 be동사 현재 부정문

❶ be동사 부정문 만들기

I am not hungry.

1 '~이 아니다', '~하지 않다'라고 하는 문장을 부정문이라고 해요. 영어에서는 부정문을 만들 때 not을 써요.

> 긍정문 + not = 부정문

2 그러면 not을 문장의 어디에 넣어야 할까요? 올바른 not의 위치가 정해져 있어요. 'be동사+not'의 형태로 be동사 뒤에 써요.

I am hungry. 나는 배가 고프다.

→ I am not hungry. 나는 배가 고프지 않다.

Andy is British. 앤디는 영국인이다.

→ Andy is not British. 앤디는 영국인이 아니다.

A 그림을 적절히 나타낸 문장을 고르세요.

1
☐ He is young.
☐ He is not young.

2
☐ It is a cat.
☐ It is not a cat.

3
☐ They are Korean.
☐ They are not Korean.

4
☐ I am in the taxi.
☐ I am not in the taxi.

B 다음 문장의 밑줄 친 부분을 바르게 고치세요.

1 It <u>am not</u> my pencil. → _____

2 She <u>not is</u> busy. → _____

3 He is <u>no</u> on the subway. → _____

4 They <u>not are</u> happy. → _____

❷ 줄임말

'be동사+not'을 간단히 줄여 쓸 수 있어요.

| are not → aren't | is not → isn't |

★ 꿀팁! arenot 붙여 쓰기 → 중간에 있는 o 대신 위에 어퍼스트로피(') 찍기 → aren't 완성!
  isn't도 같은 원리예요.

You are not alone. → **You aren't alone.** 너는 혼자가 아니야.

Mom is not angry. → **Mom isn't angry.** 엄마는 화나지 않으셨어.

These oranges are not sweet.

→ **These oranges aren't sweet.** 이 오렌지들은 달지 않다.

Mom isn't angry.

주의! am not은 amn't로 줄여 쓰지 않아요. I'm not만 가능해요.

C 빈칸에 알맞은 'be동사+not'의 형태를 쓰세요. 단, 줄임말로 적으세요.

1

He ___isn't___ hungry.

2

The flowers _____ fresh.

3

The child _____ happy.

4

The snails _____ fast.

D 우리말에 맞게 빈칸에 알맞은 말을 쓰세요.

1 그는 내 친구가 아니다. → ___He___ ___isn't___ my friend.

2 그것은 책상 위에 있지 않다. → _____ _____ on the desk.

3 그들은 공원에 있지 않다. → _____ _____ at the park.

UNIT 18 be동사 현재 의문문: 묻기

1 주어가 단수일 때

Is he a student?

be동사 문장을 의문문으로 만들려면, 주어와 동사의 위치를 바꾸면 돼요.
→ 주어—동사 크로스!

He   is   a student . 그는 학생이다.

Is   he   a student ? 그는 학생이니?

평서문	의문문
I am...	Am I...?
You are...	Are you...?
He/She/It is...	Is he/she/it...?

A 우리말에 맞게 괄호 안에서 알맞은 것을 고르세요.

1 그분은 너의 음악 선생님이시니? → (**He is** / **Is he**) your music teacher?

2 너는 배가 고프니? → (**Am I** / **Are you**) hungry?

3 그것은 너의 펜이니? → (**Is** / **Are**) it your pen?

4 그 여자는 유명한 팝스타니? → (**She's** / **Is she**) a famous pop star?

5 너희 할아버지는 병원에 계시니? → (**Are** / **Is**) your grandfather at the hospital?

6 그 고양이는 소파 위에 있니? → (**The cat is** / **Is the cat**) on the sofa?

B 밑줄 친 부분을 바르게 고쳐 문장을 다시 쓰세요.

1 <u>She is</u> happy? → _____

2 <u>Are</u> your aunt in Paris? → _____

3 <u>You are</u> from America? → _____

② 주어가 복수일 때

주어가 복수일 때는 무조건 be동사가 are니까, 의문문도 마찬가지로 Are로 시작해요.

The apples   are   fresh . 그 사과들은 신선하다.

Are   the apples   fresh ? 그 사과들은 신선하니?

평서문	의문문
We are...	Are we...?
You are...	Are you...?
They are...	Are they...?

Are the apples fresh?

C   빈칸에 알맞은 be동사를 쓰세요.

1

_____ the pencils blue?

2

_____ she a police officer?

3

_____ you on the bus?

4

_____ they Japanese?

D   밑줄 친 부분을 바르게 고치세요. 고칠 필요가 없으면 'OK'라고 쓰세요.

1   <u>Is</u> Marie and Helen from Canada?   → _____

2   <u>Are</u> it your brother's toy?   → _____

3   <u>Are</u> those people soccer players?   → _____

UNIT 19 be동사 현재 의문문: 답하기

❶ 긍정의 답

Are you tired?

Yes, I am.

1 be동사 의문문에 대한 답은 Yes 아니면 No로 해요. 대답이 긍정일 경우, 'Yes, 주어+be동사.'로 대답해요.

Am I right? – Yes, you are. 내가 맞아? – 응, 맞아.

Are you tired? – Yes, I am. 너 피곤하니? – 응, 그래.

Is he twelve? – Yes, he is. 그는 열두 살이니? – 응, 맞아.

Are we late? – Yes, we are. 우리 늦었나? – 응, 늦었어.

Are they smart? – Yes, they are. 그들은 똑똑하니? – 응, 그래.

2 의문문에서 주어가 명사일 때, 대답에서는 명사를 대명사로 대신해요.

Is Lucy American? – Yes, she is. ⊗ Yes, ~~Lucy~~ is.
루시는 미국인이니? – 응, 그래.

A 어울리는 질문과 대답을 연결하세요.

1 Are you Canadian?   a Yes, she is.

2 Am I a good singer?   b Yes, I am.

3 Is she a famous actress?   c Yes, it is.

4 Is your phone on the table?   d Yes, you are.

5 Are they middle school students?   e Yes, they are.

B A와 B의 대화를 보고, 괄호 안에서 알맞은 것을 고르세요.

1 A: Are you Kevin?   B: Yes, I (**am** / **are**).

2 A: Is it yours?   B: Yes, it (**is** / **am**).

3 A: Are your brothers tall?   B: Yes, (**he is** / **they are**).

❷ 부정의 답

1 대답이 **부정**일 경우, '**No, 주어+be동사+not.**'으로 대답해요. 이때 보통 **줄임말**을 써요.

Am I right? – No, you aren't. 내가 맞아? – 아니, 그렇지 않아.

Are you tired? – No, I'm not. 너 피곤하니? – 아니, 안 피곤해.

Is he twelve? – No, he isn't. 그는 열두 살이니? – 아니, 그렇지 않아.

Are we late? – No, we aren't. 우리 늦었나? – 아니, 안 늦었어.

Are they smart? – No, they aren't. 그들은 똑똑하니? – 아니, 안 그래.

2 의문문에서 주어가 **명사**일 때, 대답에서는 명사를 **대명사**로 대신해요.

Is Lucy American? – No, she isn't. ⊗ No, ~~Lucy~~ isn't.
루시는 미국인이니? – 아니, 그렇지 않아.

Are you tired?

No, I'm not.

C 그림과 일치하도록 질문에 알맞은 대답을 고르세요.

1 Are you at the gym now?

☐ Yes, I am.
☐ No, I'm not.

2 Is she at the airport?

☐ Yes, she is.
☐ No, she isn't.

D 질문에 대한 대답을 완성하세요.

1 A: Are they your friends?   B: No, _____ .

2 A: Is your pencil case purple?   B: No, _____ .

3 A: Am I the winner?   B: No, _____ .

4 A: Is that man your uncle?   B: No, _____ .

A 보기와 같이 'not'을 사용하여 주어진 문장을 부정문으로 바꾸어 쓰세요. (줄임말을 쓰지 말 것)

보기

It is my bag. → It is not my bag.

1 She is tired. →

2 We are at the park. →

3 They are in Busan. →

4 I am an actor. →

5 His eyes are brown. →

6 Her name is Sarah. →

B 보기와 같이 괄호 안에 주어진 형태로 문장을 바꾸어 쓰세요.

보기

He is your homeroom teacher. (의문문) → Is he your homeroom teacher?

1 I am a good student. (부정문)

　→

2 Serena is a tennis player. (의문문)

　→

3 His children are polite. (부정문)

　→

4 The book isn't on the floor. (긍정문)

　→

5 You aren't a superhero. (긍정문)

　→

6 They are from Brazil. (의문문)

　→

C 문장에서 잘못된 부분을 찾아 문장을 바르게 고쳐 쓰세요.

1 My cousin am a famous singer. 내 사촌은 유명한 가수이다.

→ _____

2 He not is smart. 그는 똑똑하지 않다.

→ _____

3 Is Brian and Ally dancers? 브라이언과 앨리는 댄서니?

→ _____

D 우리말과 일치하도록 질문에 알맞은 대답을 쓰세요.

1 A: Is this Mark's backpack?

B: _____ 응, 그래.

2 A: Are Marie and Charlotte from France?

B: _____ 아니, 그렇지 않아.

E 다음 대화를 읽고, 빈칸에 알맞은 말을 상자에서 골라 쓰세요. (문장의 첫 글자는 대문자로!)

| I'm | ~~am~~ | is | they are |
| is she | isn't | are | |

Mandy: Nice to meet you! I ¹ _____am_____ Mandy.

Jessica: Nice to meet you! ² _____ Jessica.

This ³ _____ my sister Ellen.

Mandy: ⁴ _____ an elementary school student?

Jessica: No, she ⁵ _____ . She's only 6.

Mandy: ⁶ _____ they your dogs?

Jessica: Yes, ⁷ _____ .

CHAPTER REVIEW

01 빈칸에 알맞지 <u>않은</u> 것을 고르세요. 2점

> _____ is busy now.

① He
② She
③ The woman
④ Mr. Watson
⑤ Harry and Jack

02 빈칸에 들어갈 수 있는 것을 <u>모두</u> 고르세요. 3점

> The children _____ eight years old.

① is
② are
③ is not
④ are not
⑤ aren't

03 밑줄 친 부분이 올바르지 <u>않은</u> 것은? 2점

① <u>Are</u> your uncle a taxi driver?
② <u>Is</u> his dog five years old?
③ <u>Are</u> the students from Vietnam?
④ <u>Is</u> Jess Australian?
⑤ <u>Is</u> your school big?

04 각 빈칸에 들어갈 말이 바르게 짝지어진 것을 고르세요. 2점

> • Your plan _____ good.
> • Jimin and Gyuho _____ best friends.

① are – is
② is – are
③ are – are
④ is – is
⑤ am – are

05 빈칸에 알맞은 말을 고르세요. 3점

> My new classmates _____ nice, but I miss my old friends.

① is
② am
③ are
④ isn't
⑤ aren't

06 다음 문장을 부정문으로 바꿀 때, 'not'이 들어갈 위치로 알맞은 곳을 고르세요. 2점

> His ① school ② is ③ in ④ the ⑤ city.

07 빈칸에 들어갈 말이 나머지와 <u>다른</u> 하나를 고르세요. 2점

① My mother _____ at home.
(엄마는 집에 계시다.)

② The puppy _____ very cute.
(그 강아지는 매우 귀엽다.)

③ She _____ a good girl.
(그녀는 착한 소녀이다.)

④ Daniel's sister _____ ten years old.
(대니얼의 여동생은 열 살이다.)

⑤ Suji and you _____ smart.
(수지와 너는 똑똑하다.)

08 다음 우리말을 영어로 바르게 옮긴 것은? 3점

> 케이트(Kate)와 나는 같은 반이 아니다.

① Kate and I is in the same class.

② Kate and I are in the same class.

③ Kate and I isn't in the same class.

④ Kate and I aren't in the same class.

⑤ Kate and I am not in the same class.

09 어법상 <u>어색한</u> 문장을 <u>모두</u> 고르세요. 3점

① She's not sad.

② The man isn't tired.

③ My room is clean.

④ Their house aren't in Seoul.

⑤ Your brother and I am good friends.

[10~11] 대화의 흐름이 자연스럽도록 빈칸에 가장 알맞은 말을 고르세요. 각 2점

10

> A: I'm Jieun. I'm from Korea.
> B: Are you 13 years old?
> A: _____. I'm 14.

① Yes, I am.　　　　② Yes, she is.

③ Yes, you are.　　　④ No, I'm not.

⑤ No, you aren't.

11

> A: _____?
> B: Yes, he is. Today is his first day at our school.

① Am I a new student?

② Is he a new student?

③ Is she a new student?

④ Are you a new student?

⑤ Are they new students?

12 괄호 안에서 어법상 올바른 것을 고르세요. 각 2점

(1) You (am / are / is) a good singer.

(2) Her sister (am / are / is) tall.

(3) The books (am / are / is) on the table.

(4) The weather (am / are / is) cold today.

(5) My cousins (am / are / is) middle school students.

주관식 서술형

13 다음 문장을 부정문으로 바꾸어 쓰세요. 각 3점

(1)
> I am a big fan of Allison.

→ _____

(2)
> The news is surprising.

→ _____

14 우리말과 일치하도록 주어진 말을 빈칸에 올바른 순서로 배열하세요. 4점

> 너의 어깨 위에 있는 그것은 원숭이니?
> • **a monkey, that, is**

→ _____ on your shoulder?

15 그림을 보고, 질문에 대한 답을 3단어로 쓰세요. 4점

Is the boy sick today?

→ _____

be동사 현재 개념 정리

• 정답 202쪽 •

01 be동사의 뜻은 '~⬜⬜' 또는 '(~에) ⬜⬜'이다.

02 be동사 현재형은 세 가지 형태가 있다. 주어가 I(나는)이면
be동사는 ⬜⬜ 이고, 주어가 you(너는)이면 ⬜⬜⬜,
주어가 he(그는), she(그녀는), it(그것은)이면 ⬜⬜ 를 쓴다.

03 복수 대명사인 we(우리는), you(너희는), they(그들은, 그것들은)
는 모두 be동사로 ⬜⬜⬜ 를 쓴다.

04 주어가 대명사가 아닌 명사일 때, 단수 명사이면 be동사는
⬜⬜ 를 쓰고, 복수 명사이면 ⬜⬜⬜ 를 쓴다.

05 영어에서 '~ 아니다'라는 부정의 의미를 표현할 때는 ⬜⬜⬜ 을
쓴다. be동사 부정문에서 not의 위치는 be동사 ⬜ 이다.

06 be동사 의문문을 만들려면 ⬜⬜ 와 ⬜⬜ 의 위치를 바꾸면
된다.

07 be동사 의문문에 대한 답은 Yes 또는 No로 한다. 긍정의 답일 때는
Yes 뒤에 '주어+be동사'를 써 준다. ⬜⬜ 의 답일 때는 No 뒤에
'주어+be동사+⬜⬜⬜'을 써 준다.

Chapter 4
일반동사 현재

과거형

지나간 일에 대해 말할 때(~했다)
*2권에서 배워요!

주어가 3인칭 단수가 아닐 때

동사원형

They dance.

He dances.

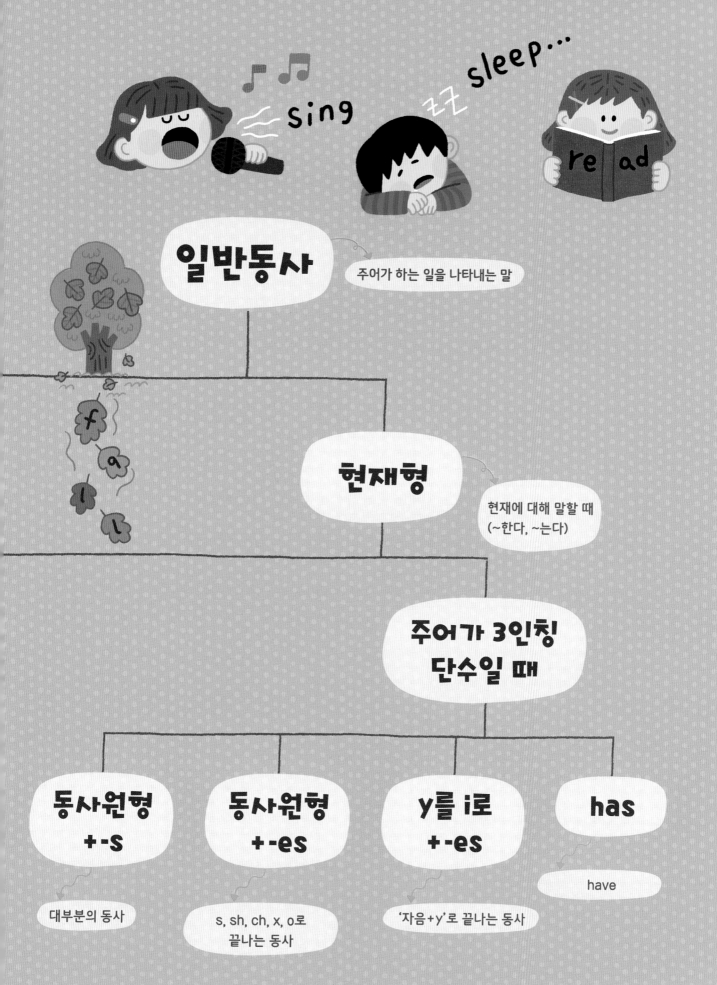

UNIT 20 일반동사 현재 긍정문(1)

① 동사원형 그대로 쓰기

I like English.

1 일반동사는 문장의 주인공인 주어가 하는 일을 나타내요. 우리말 뜻은 '~다'입니다. 현재 시제일 때는 '~한다' 또는 '~는다'가 돼요. 동사는 일반적으로 주어 뒤에 나와요.

★ 시제란 어떤 일이 언제 일어났는지를 나타내는 동사의 형태를 말해요. Chapter 5에서 더 자세히 배워요.

I like English. 나는 영어를 좋아한다.

2 주어가 I, you, we, they 또는 3인칭 복수 명사일 때(즉, 3인칭 단수가 아닐 때) 일반동사의 현재형은 동사원형 그대로 쓰면 돼요.

They see a movie on Saturdays. 그들은 토요일마다 영화를 본다.

Monkeys like bananas. 원숭이들은 바나나를 좋아한다.

A 문장에서 동사에 동그라미 하고, 우리말 뜻을 완성하세요.

1 They (play) baseball. 그들은 야구를 ____한다____.

2 I go to school by bus. 나는 버스를 타고 학교에 _____.

3 Children like candies. 아이들은 사탕을 _____.

B 둘 중에서 알맞은 것을 고르세요.

1

The kids **is fly / fly** kites.

2

I **swim / am swim** in the pool.

3

We **watch / is watch** TV.

4

They **are work / work** at the restaurant.

공부한 날 _____ 월 _____ 일 부모님 확인 _____

❷ 동사원형+-s

1. 3인칭 단수는 '나', '너'가 아닌 '걔'(사람) 또는 '그것'(사물) '하나'를 의미하는 단어를 뜻합니다. 다음과 같은 것들이에요.

   he 그   she 그녀   it 그것

   Jenny 제니   a dog 개 한 마리   the apple 그 사과

2. 일반동사의 현재형은 주어가 3인칭 단수일 때 '동사원형+-s'의 형태로 바뀌어요. 굉장히 중요하니 꼭 기억하세요!

   He plays the piano. 그는 피아노를 친다. ⓧ He play the piano.
   Jen reads books. 젠은 책을 읽는다. ⓧ Jen read books.

He plays the piano.

C 둘 중에서 알맞은 것을 고르세요.

1

My grandmother **love / loves** flowers.

2

He **sings / sing** a song.

3

I **cook / cooks** dinner.

4

Jane **eats / eat** cake.

D 밑줄 친 부분을 바르게 고치세요. 고칠 필요가 없으면 'OK'로 표시하세요.

1 We <u>wants</u> a new house. → _____

2 Jack <u>clean</u> his room. → _____

3 She <u>reads</u> a book every week. → _____

UNIT 21 일반동사 현재 긍정문(2)

❶ 동사원형+-es

s, sh, ch, x, o로 끝나는 동사들은 발음을 편하게 하기 위해 동사 뒤에 -es를 붙입니다.

miss	+	es	→	miss**es**	그리워한다
wash	+	es	→	wash**es**	씻는다
watch	+	es	→	watch**es**	본다
fix	+	es	→	fix**es**	고친다
go	+	es	→	go**es**	간다

Grandma watches TV. 할머니는 텔레비전을 보신다.

Grandma watches TV.

A 괄호 안의 동사를 빈칸에 알맞은 형태로 바꾸어 쓰세요.

1

She _____ the ball. (catch)

2

Ms. Jones _____ math. (teach)

3

Dad _____ the dishes. (wash)

4

My brother _____ to school. (go)

B 괄호 안에서 알맞은 것을 고르세요.

1 He (**watch** / **watches**) a movie on the weekend. 그는 주말에 영화를 본다.

2 She (**fixs** / **fixes**) the computer. 그녀는 그 컴퓨터를 고친다.

3 James (**dos** / **does**) his homework. 제임스는 숙제를 한다.

❷ y를 i로 +-es, 불규칙

1 '자음+y'로 끝나는 동사들은 y를 i로 바꾸고 -es를 붙입니다.

study → studi + es → studies 공부한다 ⊗ studys

cry → cri + es → cries 운다 ⊗ crys

fly → fli + es → flies 난다 ⊗ flys

Paulo studies hard. 파울루는 열심히 공부한다.

주의! play처럼 '모음+y'로 끝나는 동사는 그냥 -s를 붙여요. (plays)

2 have는 특이하게 has로 변하는데, 이를 **불규칙** 변화라고 해요.

have → has 가지고 있다 ⊗ haves

Paulo studies hard.

C 괄호 안의 동사를 빈칸에 알맞은 형태로 바꾸어 쓰세요.

1

Jimin _____ English. (study)

2

The baby _____. (cry)

3

A bird _____ in the sky. (fly)

4

She _____ two brothers. (have)

D 다음 문장의 밑줄 친 부분을 바르게 고치세요.

1 He <u>like</u> chicken and pizza. → _____

2 They <u>studies</u> together. → _____

3 My baby sister <u>crys</u> all day. → _____

A 둘 중에서 알맞은 것을 고르세요.

1

He **run** / **runs** fast.

2

My daughter **studys** / **studies** hard.

3

The children **play** / **plays** together.

4

The plane **flyes** / **flies** in the sky.

B 괄호 안의 동사를 빈칸에 알맞은 형태로 쓰세요. (그대로 쓰는 경우도 있어요.)

1

The child _____ her parents. (miss)

2

My grandfather _____ the newspaper every day. (read)

3

The man _____ fresh fish. (sell)

4

The girl _____ her hands. (wash)

5

Jihun and Soyun _____ tennis. (play)

C 빈칸에 알맞은 단어를 빈칸 아래에서 골라 쓰세요.

1 He _____ two sons. 그는 두 명의 아들이 있다.

have │ has

2 The baby _____ loudly. 그 아기는 큰 소리로 운다.

crys │ cries

3 Jack and I _____ in the lake. 잭과 나는 호수에서 수영한다.

swim │ swims

D 단어의 순서를 맞춰 문장을 만들어 보세요.

1 rides │ his bike │ The boy │ every day. 그 남자아이는 매일 자전거를 탄다.

→ _____

2 baseball │ My sister │ with her friends. │ plays 내 언니는 친구들과 야구를 한다.

→ _____

3 bakes │ bread │ My mom │ for me. 엄마는 나를 위해 빵을 구워 주신다.

→ _____

E 다음 글을 읽고, 괄호 안의 동사를 빈칸에 알맞은 형태로 쓰세요. (그대로 쓰는 경우도 있어요.)

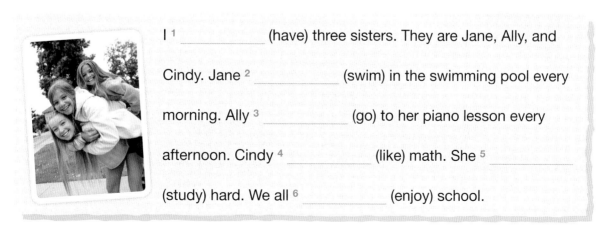

I ¹ _____ (have) three sisters. They are Jane, Ally, and Cindy. Jane ² _____ (swim) in the swimming pool every morning. Ally ³ _____ (go) to her piano lesson every afternoon. Cindy ⁴ _____ (like) math. She ⁵ _____ (study) hard. We all ⁶ _____ (enjoy) school.

UNIT 22 일반동사 현재 부정문

1 don't+동사원형

I don't like tomatoes.

1 일반동사의 부정문을 만들기 위해서는 동사 앞에 do not 또는 does not을 넣으면 돼요. 보통 아래처럼 줄여 써요.

do not → don't   does not → doesn't

2 주어가 I, you, we, they 또는 3인칭 복수 명사일 때(즉, 3인칭 단수가 아닐 때) 동사 앞에 don't를 넣어요.

I like tomatoes. 나는 토마토를 좋아한다.
→ I don't like tomatoes. 나는 토마토를 좋아하지 않는다.

They eat breakfast. 그들은 아침을 먹는다.
→ They don't eat breakfast. 그들은 아침을 먹지 않는다.

A 다음 문장이 긍정문이면 긍정 에, 부정문이면 부정 에 동그라미 하세요.

1 They study Korean every day.   긍정   부정

2 You don't play with Jack.   긍정   부정

3 We swim in the pool in the afternoon.   긍정   부정

4 I don't like this pencil case.   긍정   부정

5 They don't do their homework.   긍정   부정

B 우리말에 맞게 괄호 안에서 알맞은 것을 고르세요.

1 나는 오늘 학교에 가지 않는다. → I (**go** / **don't go**) to school today.

2 우리는 병원에서 근무한다. → We (**work** / **don't work**) at the hospital.

3 그들은 아이스크림을 좋아한다. → They (**like** / **don't like**) ice cream.

4 나는 반려동물이 없다. → I (**have** / **don't have**) a pet.

❷ doesn't+동사원형

1 주어가 3인칭 단수(he, she, it, Jenny, a dog, the apple 등)일 경우,
   동사 앞에 don't 대신 doesn't를 추가해요.
   Brad likes bread. 브래드는 빵을 좋아한다.
   → **Brad doesn't like bread.** 브래드는 빵을 좋아하지 않는다.

2 doesn't 뒤에는 반드시 동사원형이 와야 해요! 이미 앞에 쓰인 does
   not의 does에 주어가 3인칭 단수일 때 동사가 지켜야 하는 규칙이 적용
   됐거든요. 뒤에 오는 동사에 또 -(e)s를 붙이면 안 돼요!
   She drinks coffee. 그녀는 커피를 마신다.
   → **She doesn't** drink **coffee.** 그녀는 커피를 마시지 않는다.
   ⊗ She doesn't ~~drinks~~ coffee.

She doesn't drink coffee.

C 그림에 알맞은 표현을 찾아 동그라미 하고, 빈칸에 써서 문장을 완성하세요.

1

likes / like

Mia doesn't _____ winter.

2

don't / doesn't

My cat _____ enjoy its bath.

D 밑줄 친 부분을 바르게 고치세요.

1 Bella <u>don't</u> write letters. 벨라는 편지를 쓰지 않는다. → _____

2 He <u>doesnt</u> drink soda. 그는 탄산음료를 마시지 않는다. → _____

3 The kite doesn't <u>flies</u> in the sky. 그 연은 하늘을 날지 않는다. → _____

4 She doesn't <u>does</u> yoga. 그 여자는 요가를 하지 않는다. → _____

5 My uncle doesn't <u>has</u> a car. 나의 삼촌은 차가 없다. → _____

UNIT 23 일반동사 현재 의문문: 묻기

① Do ~?

Do you play baseball?

1 일반동사의 의문문을 만들기 위해서는 주어 앞에 Do 또는 Does를 넣어요.

2 주어가 I, you, we, they 또는 3인칭 복수 명사일 때(즉, 3인칭 단수가 아닐 때) Do를 써요. 원래 있던 '주어+동사'는 그대로 둬요.

You play baseball. 너는 야구를 한다.
→ Do <u>you</u> play baseball? 너는 야구를 하니?

They live in Busan. 그들은 부산에 산다.
→ Do <u>they</u> live in Busan? 그들은 부산에 사니?

A 주어진 문장을 의문문으로 바꿀 때, 빈칸에 알맞은 말을 쓰세요.

1 They watch TV.
→ _____ _____ _____ TV?

2 You listen to K-pop.
→ _____ _____ _____ to K-pop?

3 The boys play the drums.
→ _____ _____ _____ the drums?

B 단어의 순서를 맞춰 의문문을 만들어 보세요. (문장 맨 앞에 올 때 첫 글자는 대문자로!)

1 they / do / like fruit   → Do they like fruit _____ ?

2 you / wear glasses / do   → _____ ?

3 speak English / the students / do → _____ ?

4 do / have sisters / they   → _____ ?

5 John and Kelly / do / walk to school → _____ ?

공부한 날 ___ 월 ___ 일   부모님 확인 ___

❷ Does ~?

주어가 3인칭 단수(he, she, it, Jenny, a dog, the apple 등)일 경우, Do 대신 Does를 써요. 그런데 부정문과 마찬가지로 뒤의 동사는 반드시 동사원형으로 써야 해요. 그리고 원래의 '주어—동사' 순서도 지켜요.

She plays soccer. 그 여자애는 축구를 한다.

→ Does she <u>play</u> soccer? 그 여자애는 축구를 하니?

✕ Does she ~~plays~~ soccer?

Lisa goes to school by bus. 리사는 버스를 타고 학교에 간다.

→ Does Lisa <u>go</u> to school by bus? 리사는 버스를 타고 학교에 가니?

✕ Does Lisa ~~goes~~ to school by bus?

Does she play soccer?

C 괄호 안에서 알맞은 것에 동그라미 하세요.

1 (**Do** / **Does**) she play the violin?

2 (**Do** / **Does**) those kids make paper flowers?

3 (**Is** / **Does**) Ellie have an English class?

4 Does your father (**eat** / **eats**) breakfast?

D 밑줄 친 부분을 바르게 고치세요.

1 Does he <u>speaks</u> Japanese? 그는 일본어를 하니? → _____

2 Does she <u>likes</u> you? 그녀는 너를 좋아하니? → _____

3 <u>Do</u> your mom drink tea? 너희 어머니는 차를 드시니? → _____

4 Does Mike <u>has</u> a sister? 마이크는 여자 형제가 있니? → _____

5 Does he <u>drives</u> a car? 그는 차를 운전하니? → _____

UNIT 24 일반동사 현재 의문문: 답하기

❶ 긍정의 답

Do you like
chocolate?

Yes, I do.

1 일반동사 의문문에 대한 대답은 Yes 또는 No로 해요.

2 대답이 긍정이면 다음과 같이 대답해요.
   ① 주어가 1인칭, 2인칭 또는 3인칭 복수인 경우: Yes, 주어+do.

   Do you like chocolate? – Yes, I do.
   너는 초콜릿을 좋아하니? – 응, 좋아해.

   ② 주어가 3인칭 단수인 경우: Yes, 주어+does.

   Does she know Kelly? – Yes, she does.
   그 애는 켈리를 아니? – 응, 알아.

   ★ 주어가 명사일 때 대답에서는 '대명사'로 바꾸어야 한다는 점에 주의하세요.

A 어울리는 질문과 대답을 연결하세요.

1 Does she live in Gwangju?   a Yes, you do.

2 Do you like pizza?   b Yes, she does.

3 Do Danny and Anna speak Korean?   c Yes, I do.

4 Does your father cook?   d Yes, they do.

5 Do I have homework?   e Yes, he does.

B A와 B의 대화를 보고, 괄호 안에서 알맞은 것을 고르세요.

1 A: Do you walk to school?   B: Yes, we (**does** / **do**).

2 A: Does he like cookies?   B: Yes, he (**is** / **does**).

3 A: Does your aunt live in Daegu? B: Yes, she (**does** / **lives**).

공부한 날 _____ 월 _____ 일 부모님 확인 _____

❷ 부정의 답

대답이 부정이면 다음과 같이 대답해요.

① 주어가 1인칭, 2인칭 또는 3인칭 복수인 경우: No, 주어+don't.

Do owls sleep at night? – No, they don't.
부엉이는 밤에 자니? – 아니, 그렇지 않아.

② 주어가 3인칭 단수인 경우: No, 주어+doesn't.

Does Amy wake up early? – No, she doesn't.
에이미는 일찍 일어나니? – 아니, 그렇지 않아.

★ 주어가 명사일 때 대답에서는 '대명사'로 바꾸어야 한다는 점에 주의하세요.

Does Amy wake up early?

No, she doesn't.

C 그림과 일치하도록 질문에 알맞은 대답을 고르세요.

1 Does she draw pictures?

☐ Yes, she does.
☐ No, she doesn't.

2 Do they like vegetables?

☐ Yes, they do.
☐ No, they don't.

D A와 B의 대화를 보고, 괄호 안에서 알맞은 것을 고르세요.

1 A: Does Minsu play tennis?   B: No, he (**does** / *doesn't*).

2 A: Do they drink water?   B: No, they (**aren't** / *don't*).

3 A: Does she teach music?   B: Yes, she (**does** / *doesn't*).

4 A: Do Chris and Ben play soccer?   B: Yes, (**Chris and Ben** / *they*) do.

5 A: Do you play mobile games?   B: (**Yes** / *No*), I don't.

A 빈칸에 알맞은 단어를 써서 의문문을 완성하세요.

1

_____ you like bananas?

2

_____ it have a tail?

3

_____ she wear glasses?

4

_____ they play soccer?

B 보기와 같이 괄호 안에 주어진 형태로 문장을 바꾸어 쓰세요.

> 보기
>
> He wears black T-shirts. (의문문) → Does he wear black T-shirts?

1 She likes card games. (부정문)

→ _____

2 Mina and Junho go to school by bus. (부정문)

→ _____

3 My brother doesn't wash his hands. (긍정문)

→ _____

4 I don't like hamburgers. (긍정문)

→ _____

5 They go to the museum. (의문문)

→ _____

6 She lives in Italy. (의문문)

→ _____

C 문장에서 잘못된 부분을 찾아 바르게 고쳐 문장을 다시 쓰세요.

1 He like doesn't horror movies. 그는 공포 영화를 좋아하지 않는다.

→ _____

2 Does they bake bread? 그들은 빵을 굽니?

→ _____

3 My sister doesn't brushes her teeth. 내 여동생은 이를 닦지 않는다.

→ _____

D 우리말과 일치하도록 질문에 알맞은 대답을 쓰세요.

1 A: Does your brother do his homework?

B: _____ 응, 그래.

2 A: Do they have dogs?

B: _____ 응, 그래.

3 A: Does your mom teach math?

B: _____ 아니, 그렇지 않아.

E 다음 대화를 읽고, 빈칸에 알맞은 말을 쓰세요.

A: Do you want coffee?

B: No, I ¹ _____don't_____ . I want orange juice.

A: Here you are. How about your daughter?

² _____ she want orange juice, too?

B: No, ³ _____ doesn't. She ⁴ _____ like

juice. She likes coke. ⁵ _____ you have coke?

A: Yes, I ⁶ _____ . Here it is!

CHAPTER REVIEW

01 빈칸에 들어갈 말로 알맞은 것은? 2점

Steve _____ at night.

① work   ② study
③ sleep   ④ runs
⑤ dance

02 밑줄 친 부분이 올바른 것을 고르세요. 2점

① Kevin watches TV in the evening.
② My sister plaies games on her phone.
③ Mandy studys English on Mondays.
④ He gos to school by subway.
⑤ Kyle fixs his bike.

03 다음 중 어법상 올바른 문장은? 2점

① I not like fruits.
② He don't have money.
③ They don't go to school on Saturdays.
④ She doesn't cooks on the weekend.
⑤ Kelly and Josh eat don't fish.

04 다음 중 어법상 어색한 문장은? 2점

① She doesn't speaks Chinese.
② I don't believe it.
③ He doesn't know her.
④ You don't eat many vegetables.
⑤ They don't have children.

05 빈칸에 들어갈 말이 나머지와 다른 하나는?
2점

① _____ you like pasta?
② _____ Sally speak Korean?
③ _____ Max and Dan play soccer?
④ _____ animals dream?
⑤ _____ your cousins live in America?

06 다음 중 어법상 올바른 문장을 모두 고르세요.
3점

① Does Jasmine get up early?
② Do your father drive to work?
③ Does she plays the violin?
④ Does the students wear uniforms?
⑤ Do Brian and George like Korean food?

07 다음 중 질문과 대답이 자연스럽지 <u>않은</u> 것은?
2점

① A: Do you have a dog?
   B: Yes, I do.

② A: Does your uncle live here?
   B: No, he doesn't.

③ A: Do you have your phone now?
   B: Yes, you do.

④ A: Do the kids like school?
   B: No, they don't.

⑤ A: Does he play baseball?
   B: Yes, he does.

08 다음 대화의 빈칸 (가)와 (나)에 들어갈 말이 바르게 연결된 것은? 3점

A: Do you live in Seoul?
B: Yes, _____ (가) _____ .
A: Do you live with your grandparents?
B: No, _____ (나) _____ . But I visit them on the weekend.

	(가)	(나)
①	I do	I don't
②	I do	you don't
③	I do	I do
④	I don't	I don't
⑤	I don't	I do

09 다음 빈칸에 들어갈 말로 알맞은 것은? 2점

My brother _____ every day.

① watchs TV
② washes his hair
③ plaies the piano
④ dos his homework
⑤ haves a sandwich

10 다음 문장을 부정문으로 바르게 바꾼 것은? 2점

Jiho studies hard for the exam.

① Jiho not studies hard for the exam.
② Jiho do not study hard for the exam.
③ Jiho don't studies hard for the exam.
④ Jiho doesn't study hard for the exam.
⑤ Jiho does not studies hard for the exam.

11 괄호 안에서 어법상 올바른 것을 고르세요.
각 2점

(1) She (don't / doesn't) come home early.
(2) I (don't / doesn't) have a car.
(3) They (don't / doesn't) know your name.
(4) (Do / Does) she have a stomachache?
(5) (Do / Does) Tom bake bread at home?

12 다음 두 문장의 의미가 통하도록 빈칸에 알맞은 말을 <u>한 단어</u>로 쓰세요. 3점

> Ms. Kim is an English teacher.

→ Ms. Kim _____ English.

13 다음 문장을 주어진 조건에 맞게 바꾸어 쓰세요. 각 3점

> I go to bed early.

(1) 주어를 She로 바꾸세요.

→ _____

(2) (1)의 문장을 부정문으로 쓰세요.

→ _____

14 지수(Jisu)와 우진(Woojin)의 생활 습관을 나타낸 표를 보고, 빈칸을 알맞게 채우세요. 각 3점

	Jisu	Woojin
get up early	○	✕
have breakfast	○	✕
play basketball	✕	○

(1) Jisu _____ _____ early in the morning.

(2) Woojin _____ _____ breakfast.

(3) _____ _____ basketball.

일반동사 현재 개념 정리

• 정답 206쪽

01 '주어가 하는 일'을 나타내는 동사를 ☐☐ 동사라고 한다.

02 주어가 3인칭 단수가 아닐 때 일반동사 현재 시제는 '동사 ☐☐'을 그대로 쓴다. 주어가 3인칭 단수일 때는 동사원형 뒤에 보통 −☐ 를 붙인다. (예: eat → eat ☐)

03 동사가 s, sh, ch, x, o로 끝나면 동사원형 뒤에 −☐☐ 를 붙인다. (예: watch → watch ☐☐)

04 동사가 '자음+y'로 끝나면 y를 ☐ 로 바꾸고 −☐☐ 를 붙인다. (예: study → stud ☐☐☐)

05 일반동사 부정문을 만들기 위해서는 동사원형 ☐ 에 don't나 ☐☐☐☐☐'☐ 를 쓴다.

06 일반동사 의문문을 만들기 위해서는 주어 ☐ 에 Do나 ☐☐☐☐ 를 추가하고, 뒤에는 '주어+동사원형'을 적는다.

07 일반동사 의문문에 대한 긍정의 대답은 '☐☐☐☐, 주어+do/ does.'로, 부정의 대답은 '☐☐, 주어+don't/doesn't.'로 한다.

Chapter 5

현재
진행형

과거

지나간 일에 대해 말할 때

*2권에서 배워요!

단순 현재

평소에 무엇을 하는지 말할 때

*Chapter 4에서 배웠어요!

I live in a city.

I'm visiting my hometown.

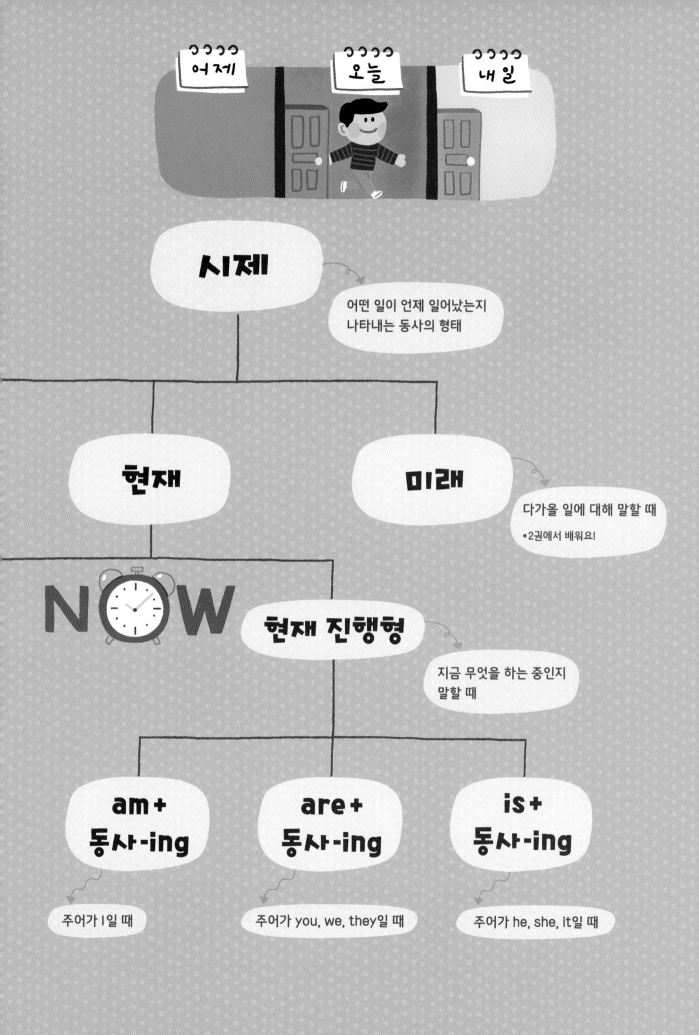

UNIT 25 현재 진행형의 개념

① 현재 진행형

He is cooking.

1. 진행형이란 어떤 동작이 계속 진행 중인 것을 강조하는 표현이에요. 현재 진행형은 현재 진행 중인 일을 말할 때 써요. 여러분은 지금 무엇을 하고 있나요? 영어 공부를 하고 있죠. (You are studying English.) 그렇게, 바로 지금 딱 하고 있는 일을 말하는 거예요.

2. 현재 진행형의 형태는 'be동사+동사-ing' 입니다. 이때 be동사는 주어에 맞게 바꾸어 주면 됩니다.

    I am cooking. 나는 요리하는 중이다.
    He is cooking. 그는 요리하는 중이다.

3. 현재 진행형의 해석은 '~하는 중이다' 또는 '~하고 있다'라고 해요.

A 주어진 영어 문장을 정확히 해석한 우리말을 고르세요.

1
- ☐ 나는 공부한다.
- ☐ 나는 공부하는 중이다.

I am studying.

2
- ☐ 유빈이는 노래하고 있다.
- ☐ 유빈이는 노래했다.

Yubin is singing.

B 우리말과 일치하도록 빈칸에 알맞은 be동사를 쓰세요.

1 지수는 숙제를 하는 중이다. → Jisu _____ doing his homework.

2 그 학생들은 춤을 추는 중이다. → The students _____ dancing.

3 나는 수영장에서 수영하는 중이다. → I _____ swimming in the pool.

4 우리는 텔레비전을 보는 중이다. → We _____ watching TV.

5 그들은 피자를 먹는 중이다. → They _____ eating pizza.

❷ 단순 현재 vs. 현재 진행형

단순 현재 시제는 보통 꾸준한 행동(습관, 반복)을 말할 때 사용하고, 현재 진행형은 말하는 시점에 딱 하고 있는 그 행동을 말해요. 현재 진행형은 어떤 동작이 계속 진행 중인 것을 강조해 줘요.

She plays tennis. 그녀는 테니스를 친다. (단순 현재)

→ 말하는 순간에 테니스를 치고 있지 않더라도, 평소에 일상적으로 테니스를 친다는 뜻이에요. 취미가 테니스인 느낌!

She is playing tennis. 그녀는 테니스를 치는 중이다. (현재 진행형)

→ 말하는 순간인 지금 테니스를 치고 있다는 뜻! 평소에도 테니스를 치는 사람인지는 알 수 없어요.

She is playing tennis.

C 주어진 영어 문장에 대한 알맞은 설명을 고르세요.

1

☐ 평소에 기타를 침
☐ 지금 기타 치고 있음

The boy plays the guitar.

2

☐ 평소에 책을 읽음
☐ 지금 책을 읽고 있음

The girl is reading a book.

D 우리말과 일치하도록 괄호 안에서 알맞은 것을 고르세요.

1 그는 지금 손을 씻는 중이다.   →   He (**washes** / **is washing**) his hands now.

2 그 아이는 자기 개와 노는 중이다.   →   The kid (**plays** / **is playing**) with his dog.

3 그 여자는 매일 달리기를 한다.   →   The woman (**runs** / **is running**) every day.

4 나는 공원에서 산책하는 중이다.   →   I (**walk** / **am walking**) in the park.

5 그는 일요일마다 골프를 친다.   →   He (**plays** / **is playing**) golf on Sundays.

UNIT 26 '동사-ing' 형태 만드는 방법

1 그대로 -ing 붙이기

He is eating.

현재 진행형은 'be동사+동사-ing'로 표현한다고 했죠? 그럼 '동사-ing' 형태는 어떻게 만들까요? 대부분의 동사는 동사원형 뒤에 그대로 -ing를 붙여주기만 하면 됩니다.

eat 먹다	→ eating
go 가다	→ going
watch 보다	→ watching
study 공부하다	→ studying
sleep 자다	→ sleeping
play 놀다	→ playing
read 읽다	→ reading
drink 마시다	→ drinking

A 주어진 동사를 '동사-ing' 형태로 바꾸어 쓰세요.

1 sleep → _sleeping_

2 drink → _____

3 go → _____

4 read → _____

5 study → _____

6 eat → _____

7 do → _____

8 listen → _____

9 play → _____

10 watch → _____

B 우리말과 일치하도록 괄호 안의 동사를 빈칸에 알맞은 형태로 쓰세요.

1 나는 지금 숙제를 하고 있어. → I am _____ my homework now. (do)

2 그 애는 문자 메시지를 보내고 있어. → She is _____ a text message. (send)

3 우리는 보드게임을 하고 있어. → We are _____ a board game. (play)

❷ 동사를 살짝 바꾸고 -ing 붙이기

발음을 편하게 하기 위해, 동사를 살짝 바꾸고 -ing를 붙이는 경우도 있어요.

① e로 끝나는 동사: e를 빼고 -ing

> **make** 만들다 → making   **drive** 운전하다 → driving

② ie로 끝나는 동사: ie를 y로 바꾸고 -ing

> **lie** 눕다; 거짓말하다 → lying   **die** 죽다 → dying

③ '단모음+단자음'으로 끝나는 동사: 자음을 한 번 더 쓰고 -ing

> **run** 달리다 → **running**   **swim** 수영하다 → **swimming**
> **get** 얻다, 받다 → **getting**   **sit** 앉다 → **sitting**

She is driving.

C 주어진 동사를 '동사-ing' 형태로 바꾸어 쓰세요.

1 die → _____   2 lie → _____

3 run → _____   4 sit → _____

5 get → _____   6 take → _____

7 make → _____   8 swim → _____

9 have → _____   10 ride → _____

D 우리말과 일치하도록 괄호 안의 동사를 빈칸에 알맞은 형태로 쓰세요.

1 그는 마지막 단계에서 이기고 있어. → He is _____ in the final stage. (win)

2 엄마는 지금 운전하고 계셔. → My mom is _____ now. (drive)

3 그 남자는 공원에서 달리고 있어. → The man is _____ at the park. (run)

UNIT 27 현재 진행형 부정문

① 현재 진행형 부정문

He is not studying.

1 현재 진행형 부정문은 '~하는 중이 아니다' 또는 '~하고 있지 않다'라는 뜻입니다.

2 부정문을 만들려면 be동사와 '동사-ing' 사이에 not을 쓰면 돼요.

> be동사 현재형 + not + 동사-ing

I am jumping. 나는 점프하는 중이다.
→ I am not jumping. 나는 점프하는 중이 아니다.

He is studying. 그는 공부하는 중이다.
→ He is not studying. 그는 공부하는 중이 아니다.

A 주어진 문장을 부정문으로 만들 때, 빈칸에 알맞은 말을 쓰세요.

1 Jack is drinking milk. → Jack <u>is</u> <u>not</u> <u>drinking</u> milk.

2 You are sleeping. → You _____ _____ _____ .

3 I am washing my car. → I _____ _____ _____ my car.

4 The students are talking. → The students _____ _____ _____ .

5 They are having lunch. → They _____ _____ _____ lunch.

6 Cathy is playing the piano. → Cathy _____ _____ _____ the piano.

B 다음 문장을 부정문으로 만들 때 'not'이 들어갈 곳에 표시하세요.

1 The train ☐ is ☑ arriving ☐ .

2 ☐ She ☐ is ☐ using ☐ the Internet.

3 Tom ☐ is ☐ studying ☐ math.

❷ 줄임말

1 일상에서 말할 때 현재 진행형은 보통 '주어+be동사'의 줄임말을 써요.

I'm swimming in the ocean. 나는 바다에서 수영하는 중이다.
You're studying hard. 너는 열심히 공부하는 중이구나.
He's doing his homework. 그는 숙제를 하는 중이다.
They're lying on the sofa. 그들은 소파 위에 누워 있는 중이다.

2 부정문에서는 'be동사+not'의 줄임말을 써도 됩니다.

You aren't studying hard. 너는 공부를 열심히 하고 있지 않구나.
He isn't doing his homework. 그는 숙제를 하고 있지 않다.

He's doing his homework.

C 그림을 보고, 괄호 안의 단어를 사용해서 현재 진행형 문장을 완성하세요. (줄임말을 쓸 것)

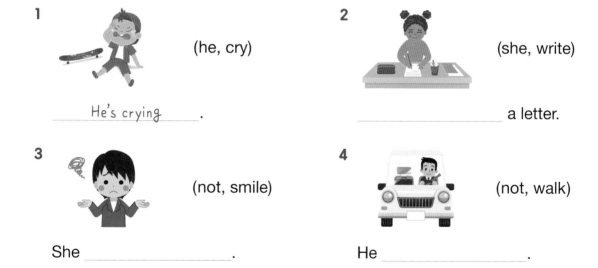

1
(he, cry)

He's crying   .

2
(she, write)

_____ a letter.

3
(not, smile)

She _____ .

4
(not, walk)

He _____ .

D 밑줄 친 부분을 줄임말로 바꾸어서 문장을 다시 쓰세요.

1 <u>I am</u> packing for a trip. → _____

2 They <u>are not</u> wearing uniforms. → _____

3 Alex <u>is not</u> playing with a ball. → _____

A 문장이 표현하는 것이 평소에 하는 일이면 '평소'에, 지금 하는 중이면 '지금'에 표시하세요.

1
☐ 평소
☐ 지금

She speaks Chinese.

2
☐ 평소
☐ 지금

He exercises every day.

3
☐ 평소
☐ 지금

The boy is winking at you.

4
☐ 평소
☐ 지금

The woman is fixing her bike.

B 보기와 같이 주어진 문장을 괄호 안의 형태로 바꾸세요.

보기 They are eating potato chips. (부정문) → They are not eating potato chips.

1 I am writing Christmas cards. (단순 현재)

→ _____

2 She is drinking coke. (단순 현재)

→ _____

3 Sarah and Josh are dating. (부정문)

→ _____

4 Ben studies at a café. (현재 진행형)

→ _____

5 My grandmother reads the newspaper. (현재 진행형 부정문)

→ _____

C 다음 문장에서 잘못된 부분을 찾아 동그라미 하고, 문장을 바르게 고쳐 쓰세요.

1 He is lieing on the bed. 그는 침대에 누워 있는 중이다.

→ _____

2 Rose is makeing dinner. 로즈는 저녁 식사를 차리는 중이다.

→ _____

3 I am siting in the chair. 나는 의자에 앉아 있는 중이다.

→ _____

D 단어의 순서를 맞춰 문장을 만들어 보세요.

1 is | not | He | soccer. | playing → _____

2 your | diary. | reading | not | I'm → _____

3 his car. | driving | not | is | He → _____

4 going | to the zoo. | are | They → _____

E 다음 글을 읽고, 빈칸에 알맞은 말을 상자에서 골라 쓰세요.

is smiling	are falling	wearing	riding	swimming	holding

These are my favorite pictures. In the first picture, I am

¹ _____ my bike. I am ² _____ a helmet.

In the second picture, I am ³ _____ in the sea. In

the third picture, I am at a park. The leaves ⁴ _____

from the trees. In the last picture, I am ⁵ _____ the

snowman's hand. The snowman ⁶ _____ .

*hold: 잡다

UNIT 28 현재 진행형 의문문: 묻기

❶ 주어가 대명사일 때

Is he listening to music?

현재 진행형 의문문을 만들기 위해서는 주어와 be동사의 자리를 바꾸면 됩니다. be동사 의문문 만들 때랑 같아요. → 주어-be동사 크로스!

He is listening to music. 그는 음악을 듣는 중이다.

Is he listening to music? 그는 음악을 듣는 중이니?

Am I 동사-ing...?
Are you 동사-ing...?
Are we 동사-ing...?
Are they 동사-ing...?

Is he 동사-ing...?
Is she 동사-ing...?
Is it 동사-ing...?

A 빈칸에 알맞은 말을 써서 주어진 문장을 의문문으로 만드세요.

1 He is wearing a cap. → <u>Is</u> <u>he</u> <u>wearing</u> a cap?

2 You are drinking juice. → _____ _____ _____ juice?

3 She is holding a doll. → _____ _____ _____ a doll?

4 He is smiling at me. → _____ _____ _____ at me?

5 They are making dinner. → _____ _____ _____ dinner?

B 우리말과 일치하도록 괄호 안에서 알맞은 것을 고르세요.

1 너는 친구와 이야기하는 중이니? → (**You are** / **Are you**) talking to your friend?

2 그는 오늘 파란 셔츠를 입고 있니? → (**Is** / **Does**) he wearing a blue shirt?

3 그들은 음악을 듣는 중이니? → Are they (**listen** / **listening**) to music?

② 주어가 명사일 때

현재 진행형 문장의 주어가 명사인 경우에도 똑같이 주어와 be동사의 자리
를 바꾸면 의문문이 됩니다. 주어가 길다고 앞에 그냥 두면 안 돼요!

The cats are sleeping. 그 고양이들은 자고 있다.

Are the cats sleeping? 그 고양이들은 자고 있니?

ⓧ ~~The cats are~~ sleeping?

Your friends are dancing. 네 친구들은 춤추는 중이다.

Are your friends dancing? 네 친구들은 춤추는 중이니?

ⓧ ~~Your friends are~~ dancing?

**Are the cats
sleeping?**

C 괄호 안에서 알맞은 것을 골라 주어진 문장을 의문문으로 만드세요.

1 The girls are looking at me. → (**The girls are** / **Are the girls**) looking at me?

2 My brother is watching TV. → (**Does** / **Is**) my brother watching TV?

3 Jim and Sue are dating. → (**Is** / **Are**) Jim and Sue dating?

4 My parents are calling me. → (**Is** / **Are**) my parents calling me?

5 Our teacher is talking. → (**Are** / **Is**) our teacher talking?

D 우리말에 맞게 밑줄 친 부분을 바르게 고치세요.

1 그 개들은 달리는 중이니? <u>The dogs are</u> running?   → _____

2 그 아이들은 거짓말하고 있니? Are the kids <u>lie</u>?   → _____

3 진과 크리스는 춤추는 중이니? <u>Do</u> Jean and Chris dancing? → _____

UNIT 29 현재 진행형 의문문: 답하기

❶ 긍정의 대답

Is she reading a book?

Yes, she is.

1 현재 진행형 의문문에 대한 긍정의 대답은 'Yes, 주어+be동사.'로 해요.

Are you playing soccer? 너는 축구 하는 중이니?
– Yes, I am. 응, 맞아.

Is she reading a book? 그 애는 책을 읽는 중이니?
– Yes, she is. 응, 맞아.

2 주어가 명사일 때, 대답에서는 명사를 대명사로 바꾸어 주세요.

Are your parents traveling? 네 부모님은 여행 중이시니?
– Yes, they are. 응, 맞아. ⊗ Yes, ~~my parents~~ are.

A 어울리는 질문과 대답을 연결하세요.

1 Are you drawing a picture?   **a** Yes, she is.

2 Is she making breakfast?   **b** Yes, he is.

3 Are they cleaning the room?   **c** Yes, they are.

4 Is your son sitting on the sofa?   **d** Yes, I am.

5 Am I going the right way?   **e** Yes, you are.

B A와 B의 대화를 보고, 괄호 안에서 알맞은 것을 고르세요.

1 A: Is she studying in her room?   B: Yes, she (**is** / **does**).

2 A: Are the students eating?   B: Yes, (**they** / **the students**) are.

3 A: Is Jenny reading a book?   B: Yes, (**Jenny** / **she**) is.

❷ 부정의 대답

1 현재 진행형 의문문에 대한 **부정**의 대답은 '**No, 주어+be동사+not.**'으로 해요. 보통 **줄임말**을 사용해요.

Are you working now? 너는 지금 일하는 중이니?

– **No, I'm not.** 아니야.

Is he staying here? 그는 여기에 머무는 중이니?

– **No, he isn't.** 아니야.

Are they playing soccer?

No, they aren't.

2 주어가 **명사**일 때, 대답에서는 명사를 **대명사**로 바꾸어 주세요.

Are the children **playing soccer?** 그 애들은 축구를 하는 중이니?

– **No, they aren't.** 아니야. ⊗ No, ~~the children~~ aren't.

C 그림과 일치하도록 질문에 알맞은 대답을 고르세요.

1 Is the bird flying in the sky?

☐ Yes, it is.
☐ No, it isn't.

2 Are they talking on the phone?

☐ Yes they are.
☐ No, they aren't.

D A와 B의 대화를 보고, 괄호 안에서 알맞은 것을 고르세요.

1 A: Are the children jumping on the sofa? B: No, (**the children** / **they**) aren't.

2 A: Is Ted driving to the gas station? B: No, (**he** / **Ted**) isn't.

3 A: Are you smiling at me? B: No, (**I'm not** / **you aren't**).

4 A: Is Billy waiting for the show? B: Yes, he (**is** / **isn't**).

5 A: Is your boyfriend entering the room? B: No, he (**doesn't** / **isn't**).

A   둘 중에서 알맞은 것을 고르세요.

1

Is the monkey **climb** / **climbing** the tree?

2

Does / **Is** she playing the cello?

3

Is he **holds** / **holding** the box?

4

Are / **Is** he learning Korean?

B   보기와 같이 주어진 문장을 괄호 안의 형태로 바꾸세요.

> 보기   He is having lunch. (의문문) → Is he having lunch?

1   Michael is running on the track. (부정문)

→ _____

2   She is playing a board game with her friends. (의문문)

→ _____

3   The patient is dying. (부정문)   *patient: 환자

→ _____

4   The bird is flying in the sky. (의문문)

→ _____

5   My grandmother is knitting a sweater. (부정문)   *knit: 뜨개질하다

→ _____

C 우리말과 일치하도록 잘못된 부분을 고쳐 문장을 다시 쓰세요.

1 그녀는 차를 운전하는 중이니? Is she drive a car?

→ _____

2 그는 문을 여는 중이 아니다. He not is opening the door.

→ _____

3 그들은 사업을 운영하는 중이니? Is they running a business?   *run a business: 사업을 운영하다

→ _____

D 우리말과 일치하도록 질문에 알맞은 대답을 쓰세요.

1 A: Is your brother taking a nap?   *take a nap: 낮잠을 자다

B: _____ 응, 그래.

2 A: Are the birds sitting on the roof?

B: _____ 응, 그래.

3 A: Is your mom staying at the hotel?

B: _____ 아니, 그렇지 않아.

E 다음 그림을 보고, 질문에 대해 알맞은 대답을 쓰세요.

1 Is the woman holding her child?

→ _____

2 Is the man cooking?

→ _____

3 Is the dog running around?

→ _____

*hold: 안다

CHAPTER REVIEW

01 다음 중 밑줄 친 부분이 잘못된 것은? 2점

① He is <u>studying</u> English hard.

② I am <u>talking</u> to you.

③ The dog is <u>coming</u> to me.

④ They are <u>flying</u> kites.

⑤ She is <u>hiting</u> a ball.

02 다음 대화의 빈칸 (가)와 (나)에 들어갈 말이 바르게 연결된 것은? 3점

> A: Where is Dad?
> B: He is in the kitchen.
> A: Is he _____(가)_____?
> B: Yes, he is. He is _____(나)_____ dinner.

(가)	(나)
① cook	making
② cooking	make
③ cooks	make
④ cooking	making
⑤ cooking	makes

03 다음 우리말 질문에 대해 영어로 답할 때 대답으로 알맞지 <u>않은</u> 것은? 2점

> 너 지금 뭐 하는 중이야?

① I'm listening to pop music.

② I'm fishing with my family.

③ I'm happy right now.

④ I'm playing smartphone games.

⑤ I'm watching a movie on TV.

[04~06] 그림을 가장 잘 묘사하는 문장을 고르세요.
각 2점

04

① She is take a photo.

② She taking a photo.

③ She is takeing a photo.

④ She is taking a photo.

⑤ She are taking a photo.

05

① He are cleaning the house.

② He's cleaning the house.

③ He cleaning the house.

④ He is clean the house.

⑤ He isn't cleaning the house.

06

① He is driving a car.

② He's driveing a car.

③ He drive a car.

④ He driving a car.

⑤ He's drive a car.

07 다음 대화의 빈칸에 알맞은 것은? 2점

> A: Is your mom washing the dishes now?
>
> B: _____. She is cleaning the living room.

① Yes, I am.

② No, she isn't.

③ Yes, she is.

④ No, she doesn't.

⑤ Yes, she does.

08 다음 중 밑줄 친 '동사-ing' 형태가 바르게 쓰인 것은? 2점

① It is <u>rainning</u> outside.

② Dad is <u>writeing</u> a letter.

③ Kate is <u>studing</u> science now.

④ Sumi is <u>swiming</u> in the pool.

⑤ The baby is <u>crying</u> loudly.

09 다음 우리말을 영어로 바르게 옮긴 것은? 3점

> 그들은 지금 야구를 하고 있지 않다.

① They not play baseball now.

② They not playing baseball now.

③ They do not playing baseball now.

④ They are not playing baseball now.

⑤ They not are playing baseball now.

10 다음 대답이 나올 수 있는 질문으로 알맞은 것은? 3점

> No, he isn't. He is watching TV.

① Is he watching TV?

② Is he studying in his room?

③ Is your sister washing her hands?

④ Does he clean the windows?

⑤ Are you doing your homework?

11 다음 그림을 보고, 대화의 빈칸에 알맞은 것을 고르세요. 3점

> A: Is your grandfather listening to music now?
>
> B: No, he isn't. _____

① He is dancing.

② He is playing the piano.

③ He is listening to trot songs.

④ He is watching TV.

⑤ He is playing the violin.

주관식 서술형

12 다음 문장을 조건에 따라 알맞게 바꾸어 쓰세요. 4점

> We look at a duck family.
> * 조건 현재 진행형으로 쓸 것, 7단어로 쓸 것

→ _____

13 두 그림에서 남자아이와 여자아이가 무엇을 하고 있는지 설명하는 글을 상자 안의 표현을 이용하여 완성하세요. (단, 현재 진행형으로 쓸 것) 각 5점

ride a bike	play the guitar	paint a picture	read a book

(1) In the first picture, the boy _____, and the girl _____.

(2) In the second picture, the boy _____, and the girl _____.

14 그림을 보고, 각 질문에 **3단어**의 완전한 문장으로 답하세요. 각 5점

(1) Q: Is the boy using a computer?

   A: _____

(2) Q: Is the girl sleeping?

   A: _____

현재 진행형 개념 정리

·정답 211쪽·

01 현재 진행형은 '◻◻ 동사+동사-ing' 형태로 나타내며 '~하는

◻◻◻' 또는 '~하고 ◻◻'라는 의미이다.

02 '동사-ing' 형태를 만들 때 대부분의 동사는 동사원형 끝에

-◻◻◻를 그대로 붙이면 된다.

(예: do → ◻◻◻◻◻)

03 e로 끝나는 동사는 ◻를 빼고 -ing를 붙인다.

(예: make → ◻◻◻◻◻)

04 ie로 끝나는 동사는 ie를 ◻로 바꾸고 -ing를 붙인다.

(예: lie → ◻◻◻◻)

05 '단모음+단자음'으로 끝나는 동사는 ◻◻을 한 번 더 쓰고

-ing를 붙인다. (예: swim → ◻◻◻◻◻◻◻)

06 현재 진행형 부정문은 be동사와 '동사-ing' 사이에 ◻◻◻을

쓴다. 의문문은 ◻◻와 be◻◻의 위치를 바꾸면 된다.

07 현재 진행형 의문문에 대한 긍정의 대답은 '◻◻◻,

주어+be동사.'로 한다. 부정의 대답은 '◻◻, 주어+be동사

+◻◻◻.'으로 한다.

Chapter 6

형용사·
부사

UNIT 30 형용사(1)

① 형용사 개념

a cute baby

1 형용사는 명사를 꾸며 주는 말입니다. 사람이나 사물이 어떤지 나타내는 말이죠. 우리말로 하면 '귀여운', '긴'처럼 ㄴ 받침으로 끝나는 말이에요.

cute	귀여운		long	긴

2 형용사는 명사 앞에서 명사를 꾸며 줍니다. 관사가 있을 때는 '관사+형용사+명사' 순서가 돼요. 관사 대신 소유격 대명사가 올 수도 있어요.

관사 형용사 명사   소유격 대명사 형용사 명사

a cute baby 귀여운 아기   my cute baby 내 귀여운 아기

주의 형용사의 발음이 모음으로 시작하면 관사 an을 써요. (an old man)

A 그림을 올바르게 나타낸 표현을 고르세요.

1
□ a doll pretty
□ a pretty doll

2
□ tall man
□ a tall man

3
□ difficult a test
□ a difficult test

4
□ a beautiful flowers
□ beautiful flowers

B 다음 문장에서 형용사를 찾아 동그라미 하세요.

1 This is my (new) smartphone. 이것은 나의 새 스마트폰이다.

2 I like sweet snacks. 나는 달콤한 과자를 좋아한다.

3 It's an ugly monster. 그것은 못생긴 괴물이다.

4 They are nice people. 그들은 좋은 사람들이다.

❷ 대표 형용사

형용사는 문장을 풍부하게 만들어 줍니다. 자주 쓰는 형용사들을 알아 두세요.

new 새로운	old 오래된, 나이 든	young 젊은
long 긴	short 짧은, 작은	tall 키 큰
pretty 예쁜	cute 귀여운	beautiful 아름다운
easy 쉬운	difficult 어려운	funny 웃기는, 재미있는
good 좋은, 착한	bad 나쁜	nice 좋은, 착한
big 큰	small 작은, 좁은	large 큰, 넓은
happy 행복한	excited 신난	angry 화난
sad 슬픈	surprised 놀란	heavy 무거운

a big dog

C 그림을 보고, 둘 중에서 알맞은 것을 고르세요.

1

old / young people

2

long / short hair

3

an **angry / excited** kid

4

a **new / an old** house

5

big / small eyes

6

a **good / bad** guy

D 우리말과 일치하도록 괄호 안에서 알맞은 형용사를 고르세요.

1 그건 안 좋은 소식이구나. → That is (**good / bad**) news.

2 그 애는 아름다운 눈을 가졌다. → She has (**big / beautiful**) eyes.

3 마이크는 젊은 선생님이다. → Mike is (**a / an**) young teacher.

UNIT 31 형용사 (2)

① '보어'의 역할

**She is
a firefighter.**

1 형용사는 앞에서 배운 것처럼 명사 앞에서 명사를 꾸며 주기도 하지만, 동사 뒤에서 보어로 쓰일 수도 있어요. 보어는 명사나 대명사를 '보충'해 주는 말이에요.

She   is   a firefighter . 그 여자는 소방관이다.

주어   동사   보어

★ 보어에 대한 더 자세한 내용은 15쪽을 참조하세요.

2 보어 자리에는 명사 또는 형용사가 올 수 있어요.

He is a student. 그는 학생이다. (보어: 명사)

The picture is beautiful. 그 그림은 아름답다. (보어: 형용사)

★ He is <u>a good student</u> 에서처럼 보어가 '형용사+명사'일 때는 전체를 명사로 봐요. 이를 '명사구'라고 해요.

A 문장에서 보어에 동그라미 치고, 문장을 해석하세요.

1

He is (a teacher)

→ _그는 선생님이다._

2

This is my new dress.

→ _____

B 밑줄 친 보어가 명사 인지 형용사 인지 고르세요.

1 David is <u>a soccer player</u>. 데이비드는 축구 선수야.   명사   형용사

2 My grandfather is <u>healthy</u>. 내 할아버지는 건강하셔.   명사   형용사

3 The student is <u>smart</u>. 그 학생은 똑똑해.   명사   형용사

4 That boy is <u>my brother</u>. 저 남자애는 내 동생이야.   명사   형용사

❷ be동사+형용사

be동사 다음에 형용사가 올 경우, 형용사는 주어를 보충 설명하는 보어 역할을 해요. 이때 be동사를 '같다'(=)로 생각하면 쉽게 이해할 수 있어요.

She is sleepy . 그 애는 졸리다.
주어 = 보어

Tom is tall . 톰은 키가 크다.
주어 = 보어

The movie is interesting . 그 영화는 흥미진진하다.
주어 = 보어

She is sleepy.

C 주어진 그림과 문장을 보고, 빈칸에 알맞은 형용사를 쓰세요.

1

I am happy.

→ I = _happy_

2

He is sad.

→ he = _____

3

Minji is angry.

→ Minji = _____

4

Dojun is sleepy.

→ Dojun = _____

D 괄호 안의 단어들을 올바른 순서로 배열해서 우리말에 맞는 문장을 쓰세요.

1 날씨가 춥다. (is / the weather / cold) → _____

2 이 상자는 무겁다. (heavy / this box / is) → _____

3 이 음악은 좋다. (this music / nice / is) → _____

4 그 감자는 뜨겁다. (is / hot / the potato) → _____

5 그들은 바쁘다. (busy / are / they) → _____

UNIT 32 형용사(3)

① look/sound+형용사

She looks happy.

1 'look+형용사'는 '~해 보이다'라는 뜻이에요.
   She looks happy. 그 여자는 행복해 보인다.
   The salad looks delicious. 그 샐러드는 맛있어 보인다.

2 'sound+형용사'는 '~하게 들리다'라는 뜻이에요.
   It sounds great. 그것 참 좋게 들린다.
   The story sounds interesting. 그 이야기는 흥미롭게 들린다.

3 형용사 자리에 부사(-ly)를 쓰지 않도록 조심하세요!
   ⊗ She looks ~~happily~~.   ⊗ It sounds ~~greatly~~.
   ★ '부사'는 주로 '~하게'로 해석되는 말로, UNIT 33에서 배워요.

A 그림을 보고, 둘 중에서 알맞은 것을 고른 후 문장을 우리말로 해석하세요.

1

You look ⦶sad⦶ / **sadly**.

→ ___너는 슬퍼 보인다.___

2

This song sounds **nice** / **nicely**.

→ _____

B 괄호 안의 단어들을 올바른 순서로 배열해서 우리말에 맞는 문장을 쓰세요.

1 그는 친절해 보인다. (looks / he / kind) → _____

2 레오(Leo)는 아파 보인다. (Leo / sick / looks) → _____

3 그것은 재미있게 들린다. (sounds / fun / it) → _____

4 그것은 슬프게 들린다. (that / sad / sounds) → _____

② taste/smell+형용사

1 'taste+형용사'는 '~한 맛이 나다'라는 뜻이에요.
Honey tastes sweet. 꿀은 단맛이 난다.

2 'smell+형용사'는 '~한 냄새가 나다'라는 뜻이에요.
It smells good. 그것은 좋은 냄새가 난다.

3 taste, smell과 함께 쓰이는 형용사들을 알아 두세요.

sweet 단	**salty** 짠	**sour** 신
bitter 쓴	**spicy** 매운	**delicious** 맛있는
good 맛있는, 좋은	**awful** 끔찍한	**terrible** 형편없는

It smells good.

C 그림을 보고, 둘 중에서 알맞은 형용사를 고른 후 문장을 우리말로 해석하세요.

1

These cookies taste **good** / **bad**.

→ _____

2

This shirt smells **nice** / **bad**.

→ _____

D 우리말과 일치하도록 괄호 안의 단어를 사용해서 문장을 완성하세요.

1 그 쓰레기는 끔찍한 냄새가 난다. (awful) → The trash __smells__ __awful__ .

2 이 라면은 매운맛이 난다. (spicy) → This ramen _____ .

3 그 꽃들은 달콤한 향이 난다. (sweet) → The flowers _____ .

4 그 레몬은 신맛이 난다. (sour) → The lemon _____ .

A 그림을 보고, 둘 중에서 알맞은 것을 고르세요.

1

a **big** / **small** dog

2

long / **short** hair

3

a **heavy** / **light** box

4

a **red** / **blue** car

B 그림을 올바르게 나타낸 문장을 고르세요.

1

☐ The boy looks angry.
☐ The boy looks surprised.

2

☐ The music sounds good.
☐ The music sounds bad.

3

☐ The tea tastes sweet.
☐ The tea tastes bitter.

4

☐ The flower smells good.
☐ The flower smells bad.

C 다음 문장에서 잘못된 부분을 찾아 동그라미 하고, 문장을 바르게 고쳐 쓰세요.

1 Nari looks happily. 나리는 행복해 보인다.

→ _____

2 Look at the dog cute! 저 귀여운 강아지를 봐!

→ _____

3 The teacher is smart and kindly. 그 선생님은 똑똑하고 친절하시다.

→ _____

D 단어의 순서를 맞춰 문장을 만들어 보세요.

1 Minzy | sick | today. | looks → _____

2 great. | tastes | This | spaghetti → _____

3 easy. | This | math problem | is → _____

4 book. | It | interesting | is | an → _____

E 괄호 안의 우리말에 해당하는 말을 상자에서 골라 빈칸에 쓰세요. (안 쓰이는 것들도 있어요.)

fresh	sweet	sweetly	bad	sunny	delicious

I am at the market. The weather is ¹ _____

(화창한). The fish look ² _____ (신선한).

The bread smells ³ _____ (달콤한). I buy the

bread and eat it. It tastes ⁴ _____ (맛있는).

UNIT 33 부사(1)

① 부사 개념

He walks slowly.

1. 부사는 명사를 제외한 나머지(동사, 형용사, 부사, 문장 전체)를 꾸밉니다.

   He walks slowly. 그는 느리게 걷는다. (동사 꾸밈)

   He is really good at math. 그는 수학을 정말 잘한다. (형용사 꾸밈)

   I eat very quickly. 나는 아주 빨리 먹는다. (부사 꾸밈)

   Strangely, I'm not sad. 이상하게도, 나는 슬프지 않다. (문장 전체 꾸밈)

2. 부사는 우리말로 해석할 때 주로 '~하게', '~히'로 합니다.

   | slowly | 느리게, 천천히 | easily | 쉽게 |
   | sadly | 슬프게 | beautifully | 아름답게 |

A 그림을 나타낸 문장을 우리말로 해석하세요.

1

> She dances beautifully.

→ _____

2

> The thief walks quietly.

→ _____

B 밑줄 친 부사가 꾸며 주는 말에 동그라미 하세요.

1. Angelina speaks very slowly. 안젤리나는 아주 천천히 말한다.

2. The children sing happily. 그 아이들은 행복하게 노래한다.

3. Sadly, vacation is over. 슬프게도, 방학은 끝났다.

4. He catches the ball easily. 그는 그 공을 쉽게 잡는다.

5. Minha is really good at English. 민하는 영어를 정말 잘한다.

❷ 부사의 형태

1 부사는 형용사 끝에 -ly를 붙이는 경우가 많아요.

luckily 운이 좋게   **happily** 행복하게   **quickly** 빠르게
quietly 조용하게   **kindly** 친절하게   **carefully** 조심해서

★ happy, easy, lucky처럼 y로 끝나는 형용사는 y를 i로 바꾸고 -ly를 붙여요.

주의! -ly라고 다 부사는 아니에요. friendly(상냥한) 같은 형용사도 있어요.

2 -ly로 끝나지 않는 부사들도 있어요. 자주 사용되는 것들을 알아 두세요.

very 아주, 매우   **well** 잘   **hard** 열심히   **only** 오직
here 여기에   **soon** 곧   **fast** 빠르게   **even** 심지어

He plays well.

★ fast는 형용사와 부사의 형태가 같아요. '빠른'도 되고 '빠르게'도 돼요.

C 다음 형용사를 부사로 바꾸어 쓰세요.

1 happy ➡ _____

2 slow ➡ _____

3 careful ➡ _____

4 kind ➡ _____

5 quiet ➡ _____

6 quick ➡ _____

7 easy ➡ _____

8 lucky ➡ _____

D 우리말과 일치하도록 괄호 안에서 알맞은 말을 고르세요.

1 그는 그 병을 쉽게 연다.   ➡   He opens the bottle (**easy** / **easily**).

2 운 좋게도, 나는 답을 알고 있다. ➡   (**Luckily** / **Lucky**), I know the answer.

3 재스민은 노래를 잘 부른다.   ➡   Jasmine sings (**goodly** / **well**).

4 제이는 아주 빠르게 달린다.   ➡   Jay runs very (**fast** / **fastly**).

5 우리는 열심히 공부한다.   ➡   We study (**hardly** / **hard**).

UNIT 34 부사(2)

❶ 빈도부사 1

1 빈도부사란 어떤 일이 얼마나 자주 일어나는지를 나타내는 말이에요.

2 '50% 이상'을 나타내는 빈도부사에는 다음과 같은 것들이 있어요.

0% ──────── 50% ─── 70% ──── 90% ── 100%

often   usually   always

자주   주로, 보통   항상, 늘

3 빈도부사의 위치는 조동사/be동사의 뒤 또는 일반동사의 앞이에요.

★ 외우자! 조be뒤, 일동앞! (조동사는 can, will 같은 것으로 2권에서 배워요.)

I always lock my bike. 나는 항상 자전거를 잠근다. (일반동사 앞)

He is often late for school. 그는 자주 학교에 늦는다. (be동사 뒤)

I always lock my bike.

A 우리말과 같은 뜻이 되도록 빈칸에 알맞은 빈도부사를 쓰세요.

1 폴은 자주 수업에 늦는다. ➔ Paul is _____ late for classes.

2 그 애는 보통 매우 쾌활하다. ➔ She is _____ very cheerful.

3 내 동생은 항상 안경을 쓴다. ➔ My brother _____ wears glasses.

4 나는 늘 네 편이야. ➔ I am _____ on your side.

B 문장에서 주어진 빈도부사가 들어갈 알맞은 위치를 고르세요.

1 usually ➔ She ☐ goes ☐ to ☐ school ☐ by bus.

2 always ➔ You ☐ are ☐ hungry!

3 often ➔ My sister ☐ helps ☐ me ☐ with my homework.

4 always ➔ My grandmother ☐ is ☐ kind ☐ to me.

❷ 빈도부사 2

1 '50% 이하'를 나타내는 빈도부사에는 다음과 같은 것들이 있어요.

0% 30% 50% 100%

never sometimes
절대 ~ 않다 가끔

2 never와 sometimes도 조동사/be동사의 뒤 또는 일반동사의 앞에 와요. 단, sometimes는 문장 맨 앞이나 맨 뒤에도 올 수 있어요.

She never <u>eats</u> carrots. 그 애는 절대 당근을 먹지 않는다. (일반동사 앞)

He <u>is</u> sometimes funny. 그는 가끔 웃긴다. (be동사 뒤)

Sometimes he is funny. / He is funny sometimes.

She never eats carrots.

C 우리말과 같은 뜻이 되도록 빈칸에 알맞은 빈도부사를 쓰세요.

1 7월에는 절대 눈이 오지 않는다. → It _____ snows in July.

2 그는 가끔 할머니께 전화를 건다. → He _____ calls his grandmother.

3 나는 숙제를 절대 잊지 않는다. → I _____ forget my homework.

4 리나는 가끔 수영을 하러 간다. → Lina _____ goes for a swim.

D 밑줄 친 부분을 바르게 고쳐 문장을 다시 쓰세요.

1 Ken **drinks never** coke.

→ _____

2 Jenny **goes sometimes** to the movies.

→ _____

3 My mom **never is** late for work.

→ _____

A 둘 중에서 알맞은 것을 골라 그림을 올바르게 표현하세요.

1

She skis **great** / **well**.

2

The boy looks **sad** / **sadly**.

3

They study **quiet** / **quietly**.

4

The baby smiles **happy** / **happily**.

B 우리말과 같은 뜻이 되도록 빈칸에 알맞은 말을 쓰세요.

1 나는 자주 체육관에 간다.

→ I _____ go to the gym.

2 그는 절대로 토마토를 먹지 않는다.

→ He _____ eats tomatoes.

3 운이 좋게도, 나는 보물을 발견한다.

→ _____, I find the treasure.

4 그녀는 항상 아침을 먹는다.

→ She _____ eats breakfast.

5 그 학생은 수학 문제를 쉽게 푼다.

→ The student solves math problems _____.

6 내 형은 보통 아침에 샤워를 한다.

→ My brother _____ takes a shower in the morning.

C 문장에서 잘못된 부분을 찾아 문장을 바르게 고쳐 쓰세요.

1 Jason drives fastly. 제이슨은 빠르게 운전한다.

→ _____

2 He goes sometimes to the movies. 그는 가끔 영화관에 간다.

→ _____

3 My sister tells lies never. 내 여동생은 절대 거짓말을 하지 않는다.

→ _____

D 단어의 순서를 맞춰 문장을 만들어 보세요.

1 I | watch | TV. | sometimes → _____

2 never | He | late | for work. | is → _____

3 She | quietly. | always | speaks → _____

4 usually | My dog | hungry. | is → _____

E 마이크(Mike)의 활동에 대한 설명을 보고, 빈칸에 알맞은 빈도부사를 상자에서 골라 쓰세요.

usually	always	never	sometimes	often

활동	언제 그 활동을 하는지
독서	주말에는 꼭
컴퓨터 게임	거의 매일
축구	전혀 하지 않음

1 Mike _____ reads books on weekends.

2 Mike _____ plays computer games.

3 Mike _____ plays soccer.

CHAPTER REVIEW

[01~02] 다음 중 형용사가 <u>아닌</u> 하나를 고르세요.
각 2점

01
① sometimes
② cute
③ hungry
④ sleepy
⑤ good

02
① lovely
② only
③ friendly
④ beautiful
⑤ excited

03 다음 문장의 빈칸에 들어갈 수 <u>없는</u> 말은? 2점

Your dress looks _____.

① beautiful
② lovely
③ great
④ nicely
⑤ new

[04~05] 우리말과 같은 뜻이 되도록 빈칸에 알맞은 말을 고르세요. 각 2점

04

그는 한국어, 영어, 그리고 심지어 스페인어도 한다.
= He speaks Korean, English, and _____ Spanish.

① only
② hard
③ well
④ very
⑤ even

05

우리는 당신의 도움에 정말로 감사합니다.
= We _____ thank you for your help.

① really
② never
③ nicely
④ always
⑤ safely

06 다음 중 어법상 <u>어색한</u> 문장을 <u>모두</u> 고르세요.
3점

① There is a beautiful red rose.
② Have a day nice!
③ I want that blue shirt.
④ He's having a good time with his family.
⑤ She has a cat cute.

07 다음 중 밑줄 친 부사가 문장 전체를 꾸미는 경우가 <u>아닌</u> 것을 고르세요. 2점

① That is not true, <u>actually</u>.

② <u>Fortunately</u>, I have the key.

③ She is telling the story <u>happily</u>.

④ <u>Luckily</u>, the weather is great.

⑤ <u>Finally</u>, she is waking up.

08 다음 중 어법상 옳은 문장을 <u>모두</u> 고르세요. 3점

① I always eat breakfast.

② She never gets up early.

③ He usually is late.

④ I have a puppy white.

⑤ We read often books together.

09 다음 중 어법상 <u>어색한</u> 문장의 개수는? 3점

> ⓐ I'm always with you.
> ⓑ They sometimes are very noisy.
> ⓒ Tom always gets good scores on his tests.
> ⓓ She often goes to karaoke.
> ⓔ Mom never is angry at me.

① 1개　　　　② 2개

③ 3개　　　　④ 4개

⑤ 5개

[10~11] 문장에서 주어진 빈도부사가 들어갈 알맞은 위치를 고르세요. 각 2점

10
> • always
> They ① do ② their ③ best ④ in class ⑤.

11
> • never
> She ① goes ② out ③ on ④ Friday the 13th ⑤.

12 다음 중 어법상 <u>어색한</u> 문장을 <u>모두</u> 고르세요. 3점

① The math test is sometimes very difficult.

② The math test sometimes is very difficult.

③ Sometimes the math test is very difficult.

④ The math test is very difficult sometimes.

⑤ The math test is very sometimes difficult.

13 빈칸에 가장 알맞은 단어를 상자에서 골라 쓰세요. 각 2점

old	amazing	large	cute

(1) My dad's shoes are too _____. He needs new shoes.

(2) People take only _____ dogs from the animal shelter. They don't take ugly dogs.

(3) The magician is doing _____ tricks. They are really fantastic.

(4) Charlie has a _____ family. He lives with his parents and grandparents.

*animal shelter 동물 보호소 | fantastic 환상적인

14 우리말과 같은 뜻이 되도록 빈칸에 알맞은 빈도부사를 상자에서 찾아 쓰세요. (쓰이지 않는 것도 있음) 각 2점

sometimes	always	usually	never	often

(1) 우리는 보통 자정에 잔다.

→ We _____ go to bed at midnight.

(2) 나는 가끔 숙제를 잊어버린다.

→ I _____ forget my homework.

(3) 그는 자주 부모님의 식당에서 밥을 먹는다.

→ He _____ eats at his parents' restaurant.

15 다음 문장에서 어법상 어색한 부분을 찾아 바르게 고쳐 문장을 다시 쓰세요. 각 4점

(1) My father sometimes is strict with me.

→ _____

(2) They make always a lot of noise during class.

→ _____

*strict 엄격한 | make noise 시끄럽게 하다

형용사 · 부사 개념 정리

정답 214쪽

01 [ ][ ][ ]는 사람이나 사물(명사)를 꾸며 준다. 우리말로 하면 '귀여운'처럼 ㄴ 받침으로 끝나는 말이다.

02 형용사는 a cute puppy에서처럼 명사 [ ]에 쓰거나, The puppy is cute.에서처럼 be동사 [ ]에 쓴다. be동사 외에도, [ ][ ][ ][ ](보이다), sound(들리다), [ ][ ][ ][ ][ ][ ] (맛이 나다), smell(냄새가 나다) 뒤에 형용사가 올 수 있다.

03 부사는 [ ][ ]를 제외한 나머지, 즉 동사, [ ][ ][ ], 다른 부사, 문장 전체를 수식한다. '~하게', '~히'로 해석한다. 형용사 끝에 –[ ][ ]를 붙여 만드는 경우가 많지만 반드시 그런 것은 아니다.

04 [ ][ ] 부사는 어떤 일이 얼마나 자주 일어나는지를 나타내는 말이다.

05 빈도부사에는 [ ][ ][ ][ ][ ][ ](항상), [ ][ ][ ][ ][ ][ ][ ][ ](주로, 보통), [ ][ ][ ][ ][ ] (자주), [ ][ ][ ][ ][ ][ ][ ][ ][ ](가끔), [ ][ ][ ][ ][ ](절대 ~ 않다) 등이 있다.

06 빈도부사는 일반동사의 [ ]에 오거나 be동사의 [ ]에 위치한다.

Chapter 7

여러 가지 문장

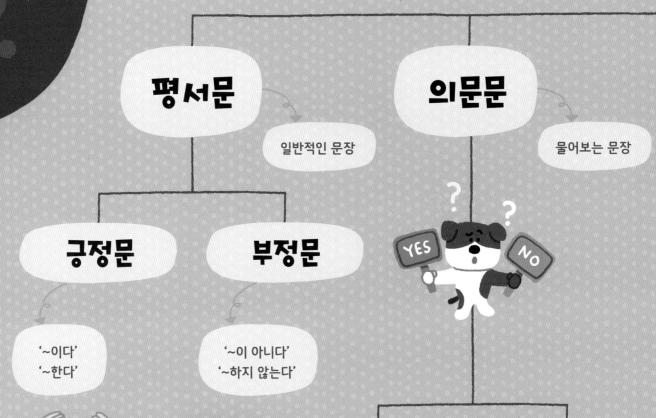

평서문 → 일반적인 문장

의문문 → 물어보는 문장

긍정문 → '~이다' '~한다'

부정문 → '~이 아니다' '~하지 않는다'

긍정 의문문 → '~이니?' '~하니?'

부정 의문문 → '~이 아니니?' '~하지 않니?'

 UNIT 35 명령문

① 명령문

1 명령문은 상대방에게 '~해라' 하고 지시하는 문장이에요. 명령문의 형태는 크게 두 가지가 있어요.

① 문장을 일반동사의 동사원형으로 시작하기
Go to bed early. 일찍 잠자리에 들어라.

② 문장을 be동사의 원형인 'Be'로 시작하고, 뒤에 명사/형용사 붙이기
Be a good boy. 착한 아이가 되어라. (착하게 행동하라는 뜻)

Go to bed early.

2 좀 더 부드럽게 말하려면, 문장 앞이나 뒤에 please를 붙여 주세요.
Be quiet, please. / Please be quiet. 조용히 좀 해 줘.

A 그림에 어울리는 표현을 올바르게 나타낸 것을 고르세요.

1
☐ Be go to bed.
☐ Go to bed.

2
knock
☐ Come in!
☐ Comes in!

B 우리말에 맞게 밑줄 친 부분을 바르게 고치세요. 고칠 필요가 없으면 'OK'라고 쓰세요.

1 <u>Be park</u> your car here. 여기에 주차하세요.   →   _Park_

2 Kate, <u>opens</u> the door! 케이트, 문 열어 줘!   →   _____

3 <u>Be</u> nice to people. 사람들에게 착하게 대해.   →   _____

4 <u>Please</u> follow me. 저를 따라오세요.   →   _____

5 <u>Kind</u> to your friends. 친구들에게 친절하게 대해.   →   _____

❷ 부정 명령문

1 부정 명령문은 '~하지 마라'라는 뜻이에요. 명령문 맨 앞에 'Don't (= Do not)'를 붙이면 돼요.

Use your phone. 네 전화기를 사용해.

→ **Don't use your phone.** 네 전화기를 사용하지 마.

2 Don't 대신 Never를 쓰면 '절대 ~하지 마라'라는 뜻으로 강한 부정 명령문이 됩니다.

Never use your phone. 절대 네 전화기를 사용하지 마.

주의! Never와 don't를 같이 쓰지 마세요.

ⓧ Never ~~don't~~ use your phone.

Don't use your phone.

C 영화 관람 예절을 나타낸 그림을 보고, 둘 중에서 알맞은 것을 고르세요.

1

Talk / Don't talk loudly.

2

Turn / Don't turn off your phone.

3

Take / Don't take pictures.

4

Kick / Don't kick chairs.

D 우리말과 같은 뜻이 되도록 빈칸에 알맞은 말을 쓰세요.

1 수업에 늦지 마세요. → _____ be late for class.

2 나에 대해 걱정하지 마. → _____ worry about me.

3 절대 포기하지 마세요. → _____ give up.

① 청유문

1 청유문은 상대방에게 무언가를 **함께 하기를 제안**하는 문장이에요. '**우리 ~하자**'라는 뜻이에요.

2 청유문은 '**Let's+동사원형**'으로 써요. Let's는 Let us의 줄임말이에요.
Let's play **soccer**. 우리 축구 하자.
Let's study **hard**. 우리 열심히 공부하자.
Let's ride **on it**. 우리 그거 타자.

주의! Let's 뒤에 동사원형이 아닌 다른 형태가 오면 안 돼요.
Ⓧ Let's ~~plays~~ soccer.

Let's ride on it.

A 그림에 어울리는 표현에 동그라미 하고, 그 표현을 빈칸에 써서 문장을 완성하세요.

1

Let / Let's

_____ clean the room.

2

swim / swimming

Let's _____ in the sea.

B 우리말과 같은 뜻이 되도록 괄호 안의 단어를 사용해서 빈칸에 알맞은 말을 쓰세요.

1 우리 음악 듣자. (listen) → _____ _____ to music.

2 우리 컴퓨터 게임 하자. (play) → _____ _____ computer games.

3 우리 숙제를 끝내자. (finish) → _____ _____ our homework.

4 우리 텔레비전 보자. (watch) → _____ _____ TV.

5 우리 같이 공부하자. (study) → _____ _____ together.

❷ 부정 청유문

1 부정 청유문은 '우리 ~하지 말자'라는 뜻으로, 상대방에게 무언가를 하지 않을 것을 제안할 때 사용해요.

2 부정 청유문을 만들려면 Let's와 동사원형 사이에 not을 넣으면 돼요.
→ Let's+not+동사원형

Let's not go outside. 우리 밖에 나가지 말자.

Let's not swim here. 우리 여기서 수영하지 말자.

주의! Let's 뒤에 not 대신 don't를 쓰면 안 돼요.
ⓧ Let's ~~don't~~ go outside.

Let's not go outside.

C 표지판에 알맞은 표현에 동그라미 하고, 그 표현을 빈칸에 써서 문장을 완성하세요.

1

Let's / Let's not

_____ be quiet.

2

Let's / Let's not

_____ swim here.

D 어울리는 문장끼리 연결하세요.

1 I'm tired.   a Let's not watch it.

2 I'm full.   b Let's not eat dessert.

3 It's lunchtime!   c Let's go to bed early.

4 That movie looks boring.   d Let's have lunch.

A 그림을 보고, 아래 상자에서 빈칸에 알맞은 것을 골라 쓰세요. (필요하면 대문자로 쓰세요.)

eat	play	study	wear

1 Let's _____ soccer!

2 Don't _____ too much food.

3 _____ your coat.

4 Let's not _____ today.

B 보기 와 같이 주어진 문장을 괄호 안의 지시대로 바꾸어 쓰세요.

보기   Tell the truth. (부정 명령문) → Don't tell the truth.

1 Don't be nice to people. (긍정 명령문)

→ _____

2 Wear a suit. (부정 명령문)

→ _____

3 Call back later. (부드럽게)

→ _____

4 Let's go to the park. (부정 청유문)

→ _____

5 Let's not do our homework together. (긍정 청유문)

→ _____

C 문장에서 잘못된 부분을 찾아 문장을 바르게 고쳐 쓰세요.

1 Not let's eat ramen at night. 우리 밤에 라면 먹지 말자.

→ _____

2 Don't rude to your grandmother. 네 할머니께 무례하게 굴지 마라.

→ _____

D 단어의 순서를 맞춰 문장을 만들어 보세요.

1 Don't | the music | too | play | loudly. 너무 큰 소리로 음악을 틀지 마.

→ _____

2 polite | your teachers. | to | Be 선생님들께 예의를 갖춰.

→ _____

3 to | go | the party. | Let's | not 그 파티에 가지 말자.

→ _____

E 빈칸에 알맞은 말을 상자에서 골라, 수업 시간에 지켜야 할 규칙을 완성하세요.

look	don't	raise	eat	be

1 _____ your hand and speak.

2 _____ food.

3 _____ quiet.

4 _____ at the board.

*raise: (위로) 들다

UNIT 37 There is/are(1)

① 긍정문

1 '(거기에) ~이 있다'라는 표현은 There is 또는 There are를 사용해요.
  ★ 실제 해석을 할 때는 '거기에'를 생략해 주세요.

2 There is 뒤에는 **단수** 명사가 오고, There are 뒤에는 **복수** 명사가 와요.

  There is **a clock.** 시계가 있다. (단수 명사)
  There are **flowers.** 꽃들이 있다. (복수 명사)

There is a clock.

3 뒤에 **장소** 표현을 덧붙여서 '~에' 있다는 것을 나타낼 수 있어요.

  There is **a clock** on the wall. 벽에 시계가 있다.

A 둘 중에서 알맞은 것을 고르세요.

1
There **is** / **are** an apple.

2
There **is** / **are** singers.

3 CATS
There **is** /**are** a book.

4

There **is** / **are** two birds.

B 우리말과 같은 뜻이 되도록 빈칸에 알맞은 말을 쓰세요.

1 가방 안에 햄버거들이 있다. → <u>There</u>   <u>are</u>   hamburgers in the bag.

2 마당에 나무 한 그루가 있다. → _____ a tree in the yard.

3 가게 안에 모자들이 있다. → _____ caps in the shop.

❷ 부정문

1 '(거기에) ~이 없다' 또는 '있지 않다'라는 표현을 하려면 There is/are 뒤에 not을 붙이면 돼요.

There is a clock. 시계가 있다.

→ **There is not a clock.** 시계가 없다.

There are many flowers. 꽃이 많이 있다.

→ **There are not many flowers.** 꽃이 많지 않다.

2 There is/are not은 There isn't/aren't로 줄여 쓸 수 있어요.

There isn't a clock. **There aren't many flowers.**

There is not a clock.

C 그림을 올바르게 표현한 문장을 고르세요.

1

☐ There are coins.
☐ There are not coins.

2

☐ There is a pencil.
☐ There isn't a pencil.

3
☐ There are lions.
☐ There aren't lions.

4
☐ There are bananas.
☐ There aren't bananas.

D 우리말에 맞게 밑줄 친 부분을 바르게 고치세요. 고칠 필요가 없으면 'OK'라고 쓰세요.

1 방에 학생이 없다. There <u>not is</u> a student in the room. → _____

2 테이블 위에 접시들이 없다. There <u>isn't</u> dishes on the table. → _____

3 공원에 나무들이 많지 않다. There <u>aren't</u> many trees in the park. → _____

UNIT 38 There is/are (2)

❶ 의문문

Is there a cup?

There is/are로 의문문을 만들기 위해서는 There와 be동사의 자리를 바꾸면 돼요. → There−be동사 크로스! 나머지 내용은 그대로 적어요.

There is... → Is there...?　　There are... → Are there...?

There is a cup in the cupboard. 찬장 안에 컵이 있다.

→ Is there a cup in the cupboard? 찬장 안에 컵이 있니?

There are monkeys in the zoo. 동물원에 원숭이들이 있다.

→ Are there monkeys in the zoo? 동물원에 원숭이들이 있니?

A 다음 문장을 의문문으로 만들 때, 빈칸에 알맞은 말을 쓰세요.

1　There are six chairs.　　　　➡ ＿＿＿＿ ＿＿＿＿ six chairs?

2　There is a big match tonight.　➡ ＿＿＿＿ ＿＿＿＿ a big match tonight?

3　There are actors on the stage. ➡ ＿＿＿＿ ＿＿＿＿ actors on the stage?

4　There are flowers in the vase.　➡ ＿＿＿＿ ＿＿＿＿ flowers in the vase?

B 괄호 안에서 알맞은 것을 고르세요.

1　(**Is** / **Are**) there any dolls in the box?　상자 안에 인형들이 있니?

2　(**Is** / **Are**) there a pen in your bag?　네 가방 안에 펜이 있니?

3　(**Is** / **Are**) there my notebook on the desk?　책상 위에 내 공책이 있니?

4　(**Is** / **Are**) there children on the playground?　운동장에 아이들이 있니?

5　(**Is** / **Are**) there a river in Seoul?　서울에 강이 있니?

❷ 대답

There is/are 의문문에는 Yes나 No로 대답해요. 긍정의 대답은 Yes, there is/are.로 하고, 부정의 대답은 No, there isn't/aren't.로 합니다.

Is there a computer in the room? 그 방에 컴퓨터가 있니?

– Yes, there is. 응, 있어.

– No, there isn't. 아니, 없어.

Are there flowers in the garden? 정원에 꽃들이 있니?

– Yes, there are. 응, 있어.

– No, there aren't. 아니, 없어.

Are there flowers?

Yes, there are.

C 그림을 보고, 질문에 대한 알맞은 대답을 고르세요.

1 Is there an apple?

☐ Yes, there is.
☐ No, there isn't.

2 Are there cats on the floor?

☐ Yes, there are.
☐ No, there aren't.

3 Is there a taxi?

☐ Yes, there is.
☐ No, there isn't.

4 Are there two guitars?

☐ Yes, there are.
☐ No, there aren't.

D A와 B의 대화를 보고, 괄호 안에서 알맞은 것을 고르세요.

1 A: (**Is** / **Are**) there a piano in the room?   B: Yes, there (**is** / **are**).

2 A: (**Is** / **Are**) there many people?   B: No, there (**isn't** / **aren't**).

3 A: (**Is** / **Are**) there mosquitoes in Alaska?   B: Yes, there (**is** / **are**).

A 그림을 보고, 빈칸에 알맞은 말을 상자에서 골라 쓰세요.

> There is　　　There are　　　There isn't　　　There aren't

1

_____ an eraser.

2

_____ spoons.

3

_____ caps.

4

_____ a bus.

B 그림을 보고, A와 B의 대화에서 알맞은 것을 고르세요.

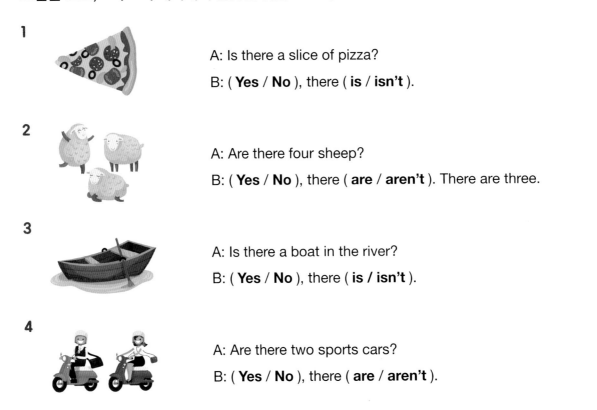

1

A: Is there a slice of pizza?
B: (**Yes** / **No**), there (**is** / **isn't**).

2

A: Are there four sheep?
B: (**Yes** / **No**), there (**are** / **aren't**). There are three.

3

A: Is there a boat in the river?
B: (**Yes** / **No**), there (**is** / **isn't**).

4

A: Are there two sports cars?
B: (**Yes** / **No**), there (**are** / **aren't**).

C 우리말과 일치하도록 잘못된 부분을 고쳐 문장을 다시 쓰세요.

1 차 안에 아이가 있니? Are there a child in the car?

→ _____

2 선반 위에 책들이 없다. There isn't books on the shelf.

→ _____

3 동물원에 호랑이가 없다. There aren't a tiger in the zoo.

→ _____

D 빈칸을 채워 질문에 대한 대답을 완성하세요.

1 A: Are there people in the room?

B: Yes, _____ _____ .

2 A: Is there a cup on the table?

B: No, _____ _____ .

3 A: Are there actors on the stage?

B: No, _____ _____ .

E 빈칸에 There is/are 또는 There isn't/aren't를 써서 그림을 설명하는 문장을 완성하세요.

1	_There are_	three kids.
2	_____	a dog.
3	_____	a cat.
4	_____	two bikes.
5	_____	benches.
6	_____	trees.

CHAPTER REVIEW

01 다음 중 어법상 <u>어색한</u> 것은? 3점

① Do your best.

② Tell never lies again.

③ Remember this traffic rule.

④ Be kind to your friends.

⑤ Don't run on the stairs.

02 다음 중 어법상 <u>어색한</u> 문장을 <u>모두</u> 고르세요.
3점

① Let's goes to the gym.

② Let's not buy those shoes.

③ Let's play soccer.

④ Let's study not English.

⑤ Let's move on to the next lesson.

03 다음 문장을 영작한 것으로 올바른 것은? 2점

우리 토요일에 영화 보자.

① We see a movie on Saturday.

② Let's go on Saturday.

③ See a movie on Saturday.

④ Let's see a movie.

⑤ Let's see a movie on Saturday.

04 다음 문장의 빈칸에 들어갈 말로 알맞지 <u>않은</u> 것은? 2점

There is _____ over there.

① a tree

② a cafeteria

③ a tall building

④ lots of people

⑤ a young man

05 괄호 안에서 알맞은 것끼리 바르게 연결한 것을 고르세요. 4점

- Please (be / are) kind to me.
- (Doesn't / Don't) eat too much.
- (Never say / Say never) bad words.

① be – Don't – Never say

② are – Don't – Never say

③ be – Doesn't – Say never

④ are – Doesn't – Say never

⑤ be – Don't – Say never

06 다음 중 어법상 <u>어색한</u> 문장은? 3점

① There is a dog under the table.

② Is there children in the room?

③ Are there many people in the library?

④ There is not a bookstore around here.

⑤ There are two computers on the desk.

07 다음 두 문장의 의미가 서로 통하도록 할 때, 빈칸에 알맞은 것을 고르세요. 3점

> 너는 아침 식사를 거르지 말아야 한다.
> → _____ breakfast.

① Don't skip

② Do not eat

③ Not eat

④ Don't have

⑤ Not skip

08 내용상 다음 빈칸에 알맞지 <u>않은</u> 것은? 2점

> _____ in the school library.

① Don't eat

② Be quiet

③ Walk quietly

④ Talk loudly

⑤ Don't throw trash on the floor

09 다음 그림의 상황에서 여자가 아이에게 할 말로 알맞은 것은? (정답 2개) 3점

① Please stand up.

② Please don't touch it.

③ Don't talk on the phone, please.

④ Don't take a picture of me, please.

⑤ Please don't cross the line.

10 다음 중 수업 시간에 지켜야 할 규칙(Classroom Rules)으로 어울리지 <u>않는</u> 것은? 3점

① Don't sit by the window.

② Take notes during class.

③ Listen carefully in class.

④ Don't say, "Please" and, "Thanks."

⑤ Don't run in the classroom.

11 다음 그림을 묘사하는 설명으로 알맞지 <u>않은</u> 것은? 3점

① There is a clock on the wall.

② There is a computer on the desk.

③ There are two balls under the desk.

④ There is a shelf on the wall.

⑤ There is a chair in front of the desk.

*shelf: 선반

주관식 서술형

12 주어진 말을 바르게 배열하여 그림 속 소년에게 해 줄 알맞은 명령문을 쓰세요. 6점

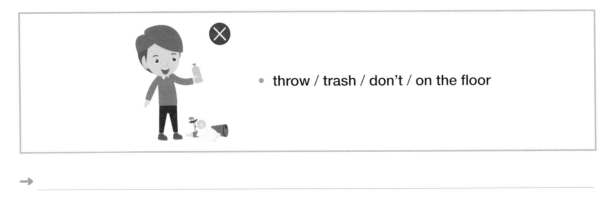

- throw / trash / don't / on the floor

→ _____

13 다음 상황에서 주어진 말을 사용해 아이들에게 할 수 있는 알맞은 말을 쓰세요. 6점

- Two kids are playing on the street. Cars are coming.
- Use the word "play."

→ Hey, kids, _____ _____ on the street! It's dangerous.

14 그림에 맞게 대화의 빈칸에 알맞은 말을 쓰세요. 7점

A: Are there many trees in the garden?

B: No, _____ _____ . There _____ only one tree.

01 ☐☐ 문은 '~해라'라는 뜻으로 상대방에게 지시하는 문장이다. 명령문은 ☐☐☐☐ 으로 시작한다.

02 부정 명령문은 '~하지 마라'라는 뜻이다. 문장 맨 앞에 ☐☐☐ '☐ 를 붙이면 된다. 부정의 의미를 더욱 강조하고 싶을 때는 ☐☐☐☐☐ 를 쓴다.

03 청유문은 '~하자'라는 뜻으로 상대방에게 ☐☐ 하는 문장이다. 청유문은 '☐☐☐' ☐+동사원형' 형태로 쓴다.

04 부정 청유문은 '~하지 말자'라는 뜻이다. Let's와 동사 사이에 ☐☐☐ 을 쓰면 된다.

05 There is/There are로 시작하는 문장은 '~이 ☐☐'라는 뜻이다. There is 뒤에는 ☐☐ 명사가, There are 뒤에는 ☐☐ 명사가 온다.

06 There is/are의 부정 표현은 is/are 뒤에 ☐☐☐ 을 붙인다.

07 There is/are의 의문문은 ☐☐☐☐☐ 와 be동사의 자리를 바꾸면 된다.

Chapter 8
전치사·접속사

전치사

시간 전치사

장소 전치사

기타 전치사

at, on, in, before, after, during...

at, on, in, under, behind, between...

of, about, for...

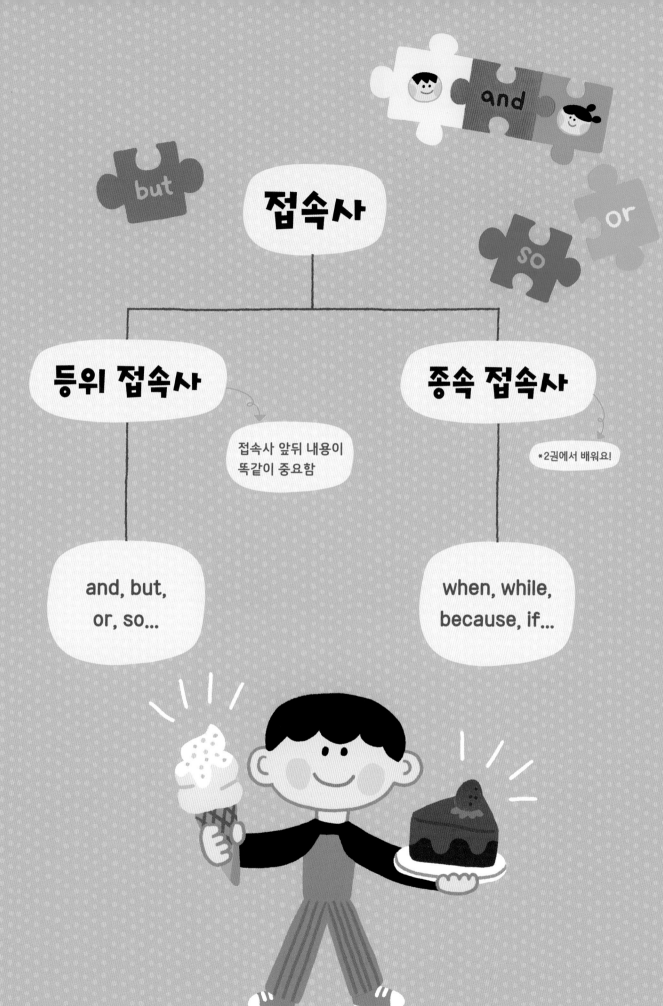

UNIT 39 전치사 at

① 전치사의 개념, 시간 전치사 at

I eat lunch at 1:00.

1 전치사란 명사나 대명사 앞에 쓰여서 시간, 장소, 방향 등을 나타내는 말이에요. 전치사는 우리말의 조사 개념과 비슷해요. 하지만 나오는 위치는 달라요. 우리말은 명사 뒤! 영어는 명사 앞!

in	the morning	아침에	on	the desk	책상 위에
전치사	명사		전치사	명사	

2 시간을 나타내는 전치사 at은 '~에'라는 뜻이에요. 구체적인 시각, 특정한 시점을 나타낼 때 사용돼요.

at 1:00 1시 정각에   at noon 정오에
at midnight 자정에   at night 밤에

A 빈칸에 알맞은 전치사를 쓰세요.

1

_____ 6:10 6시 10분에

2

_____ night 밤에

3

_____ noon 정오에

4

_____ two thirty 2시 30분에

B 문장이 밑줄 친 부분을 알맞게 해석하여 우리말 뜻을 완성하세요.

1 The movie starts <u>at 3:20</u>.   →   영화는 _____ 시작한다.

2 I usually get up <u>at 7</u>.   →   나는 보통 _____ 일어난다.

3 Let's meet <u>at noon</u> at the café.   →   그 카페에서 _____ 만나자.

❷ 장소 전치사 at

1 전치사 at은 **장소**를 나타내기도 하는데, '~에', '~에서'라는 뜻이에요.
비교적 **좁고 구체적인 장소**(집, 학교 등) 앞에 씁니다.

at home   집에(서)   at school   학교에(서)

at the airport   공항에(서)   at the station   역에(서)

I'm watching a movie at <u>home</u>. 난 집에서 영화 보는 중이야.
I run at <u>the park</u> every day. 난 매일 공원에서 달리기를 해.

2 어떤 일이 일어나고 있는 **상황**이나 **활동** 앞에도 at을 써요.
Let's have fun at <u>the party</u>. 그 파티에서 재미있게 놀자.

I run at the park.

C 그림과 표현을 알맞게 연결한 다음, 빈칸에 우리말 해석을 쓰세요.

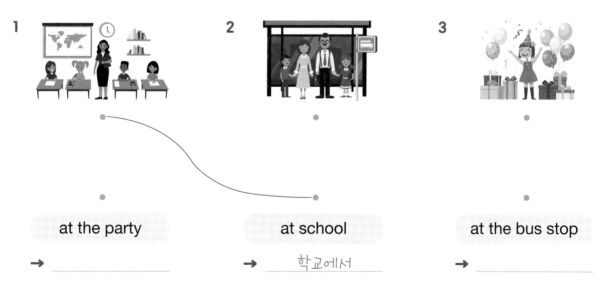

1	2	3
at the party	at school	at the bus stop
→ _____	→ 학교에서	→ _____

D 밑줄 친 'at'이 시간 을 나타내는지 장소 를 나타내는지 표시하세요.

1 They are watching TV <u>at</u> home. 그들은 집에서 티브이를 보는 중이다.   시간 장소

2 He studies <u>at</u> a study café. 그는 스터디 카페에서 공부한다.   시간 장소

3 Let's meet <u>at</u> 2:30. 2시 30분에 만나자.   시간 장소

UNIT 40 전치사 on

① 시간 전치사 on

Let's meet on Friday.

시간을 나타내는 전치사 on은 날짜, 요일, 특정한 날을 나타낼 때 사용됩니다. 전치사 at보다 시간의 범위가 넓다고 생각하면 쉬워요.

at midnight   at noon   at midnight

on Friday

Let's meet on <u>Friday</u>. 금요일에 만나자.

I have a meeting on <u>July 4</u>. 나는 7월 4일에 회의가 있다.

We have a party on <u>New Year's Day</u>. 우리는 설날에 파티를 한다.

A 둘 중에서 알맞은 전치사를 고르세요.

1

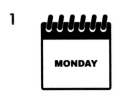

on / **at** Monday

2

on / **at** 7 o'clock

3

at / **on** August 18

4

at / **on** Christmas Day

B 우리말과 일치하도록 at과 on 중 빈칸에 알맞은 전치사를 쓰세요.

1 우리는 금요일에 학급 회의가 있다. → We have a class meeting _____ Friday.

2 그 영화는 6시 20분에 시작한다. → The movie starts _____ 6:20.

3 그 시험은 7월 15일에 있다. → The test is _____ July 15.

❷ 장소 전치사 on

1   전치사 on이 장소를 나타낼 때는, 표면에 붙어 있는 상태를 나타냅니다. '~에' 또는 '~ 위에'라고 해석하면 돼요.

> on the table 탁자 위에   on the shelf 선반 위에
> on the wall 벽에   on the floor 바닥에

2   교통수단을 타고 있는 것을 나타낼 때 on을 써요.

I'm on the bus. 나는 버스에 타고 있어.

We are on the train. 우리는 기차에 타고 있어.

주의! '차에 타고 있는' 경우에는 <u>in</u> the car로 나타내요.

There is a picture on the wall.

C   둘 중에서 알맞은 전치사를 고르세요.

1

Don't put things **on** / **at** the floor.

2

A cat is **at** / **on** the carpet.

3

There is a vase **on** / **at** the table.

4

We are **at** / **on** the train.

D   밑줄 친 부분을 바르게 고치세요. 고칠 필요가 없으면 'OK'라고 쓰세요.

1   There is a mirror <u>in</u> the wall. 벽에 거울이 있다.   →   _____

2   I am <u>at</u> the bus now. 나는 지금 버스에 타고 있다.   →   _____

3   My sister is <u>at</u> home. 언니는 집에 있다.   →   _____

UNIT 41 전치사 in

① 시간 전치사 in

School starts in March.

1 시간을 나타내는 전치사 in은 연도, 달, 계절 등 비교적 긴 시간을 나타낼 때 사용돼요. at, on보다 시간의 범위가 넓고 쓰임이 다양해요.

on March 1   on March 15   on March 31

in March

School starts in <u>March</u>. 학교는 3월에 시작한다.
We have a vacation in <u>winter</u>. 우리는 겨울에 방학이 있다.

2 오전(아침), 오후, 저녁을 나타낼 때 in을 써요.

in the morning 오전에, 아침에   **in the afternoon** 오후에
in the evening 저녁에

A 둘 중에서 알맞은 전치사를 고르세요.

1

in / on 2023

2

at / in winter

3

on / in October

4

in / on spring

B 우리말과 일치하도록 빈칸에 알맞은 전치사를 쓰세요.

1 우리는 여름에 제주도에 간다.   ➔   We visit Jeju-do _____ summer.

2 그는 아침에 체육관에 간다.   ➔   He goes to the gym _____ the morning.

3 켈리는 5시 30분에 회의가 있다.   ➔   Kelly has a meeting _____ 5:30.

4 내 생일은 5월에 있다.   ➔   My birthday is _____ May.

공부한 날	월	일	부모님 확인

② 장소 전치사 in

1 전치사 in이 장소를 나타낼 경우, 어떤 공간의 내부에 있다는 것을 표현
해요. '~에' 또는 '~ 안에'라고 해석하면 돼요.
Your present is in the box. 네 선물은 상자 안에 있어.
He is in the living room. 그는 거실에 있다.

2 전치사 in은 도시, 나라 등 비교적 넓은 장소를 나타낼 때 사용합니다.
at, on, it의 쓰임을 비교 정리하면 다음과 같아요.

· at은 비교적 좁고 구체적인 장소(집, 학교 등)
· on은 표면 위, 교통수단
· in은 공간의 내부, 비교적 넓은 장소(도시, 나라 등)

Namdaemun is in <u>Seoul</u>. 남대문은 서울에 있다.
My cousin lives in <u>Busan</u>. 내 사촌은 부산에 산다.

**Namdaemun is
in Seoul.**

C 둘 중에서 알맞은 전치사를 고르세요.

1
at / **in** America

2
on / **in** the box

3
in / **on** the bathroom

4
in / **at** Paris

D 우리말에 맞게 밑줄 친 부분을 바르게 고치세요. 고칠 필요가 없으면 'OK'라고 쓰세요.

1 Do they live <u>at</u> India? 그들은 인도에 사니? → _____

2 Put some lotion <u>on</u> your skin. 피부에 로션을 좀 발라. → _____

3 Is your father <u>on</u> his room? 너희 아버지는 방에 계시니? → _____

4 I live <u>in</u> a big city. 나는 대도시에 산다. → _____

A 둘 중에서 알맞은 것을 고르세요.

1

on / in the ground

2

on / in the box

3

on / at 7 o'clock

4

in / at 2022

5

on / in Wednesday

6

on / at school

B 우리말과 같은 뜻이 되도록 at, in, on 중 빈칸에 알맞은 것을 써서 문장을 완성하세요.

1 그들은 중국에 머무르고 있다.

→ They are staying _____ China.

2 아버지는 저녁에 TV를 보신다.

→ My father watches TV _____ the evening.

3 올해 추석은 9월에 있다.

→ This year, Chuseok is _____ September.

4 월요일에 한가하세요?

→ Are you free _____ Monday?

5 나는 조쉬의 집에서 저녁을 먹고 있다.

→ I'm having dinner _____ Josh's house.

6 나의 누나는 런던에서 공부를 한다.

→ My sister studies _____ London.

7 그 행사는 2월 10일 오후 2시 30분에 있다.

→ The event is _____ 2:30 _____ the afternoon _____ February 10.

C 문장에서 어색한 부분을 찾아 동그라미 하고, 문장을 바르게 고쳐 쓰세요.

1 My children are on school now. 내 아이들은 지금 학교에 있다.

→ _____

2 Jack is having a trip at Spain. 잭은 스페인에서 여행하고 있다.

→ _____

3 We have a lot of snow at winter. 겨울에 눈이 많이 온다.

→ _____

D 단어의 순서를 맞춰 문장을 만들어 보세요.

1 at │ Let's │ meet │ the movie theater. 영화관에서 만나자.

→ _____

2 The concert │ on │ May 6. │ is │ 5:30 │ at 그 공연은 5월 6일 5시 30분에 있어.

→ _____

3 cooks │ turkey │ on │ Mom │ Thanksgiving Day. 엄마는 추수감사절에 칠면조를 요리하셔.

→ _____

E at, on, in 중 빈칸에 알맞은 전치사를 써서 글을 완성하세요.

Hi. I'm Bella. Today is Saturday. I don't go to school, but I'm
very busy. I study English ¹ _____ the morning. I go to
the gym ² _____ the afternoon. I run ³ _____ the
treadmill. After that, I do my homework ⁴ _____ home.

*treadmill: 러닝머신

UNIT 42 접속사(1)

1 접속사의 개념, and

I like cats and dogs.

1 접속사란 두 단어, 문장 등을 하나로 이어 주는 말이에요. 접착제 같은 단어!

I like cats. + I like dogs.

→ I like cats and dogs. 나는 고양이와 개를 좋아한다.

2 접속사 and는 서로 비슷한 내용을 연결하는 말로 '그리고', '~와'라는 뜻입니다. and의 앞뒤에는 문법적으로 같은 형태가 와야 해요.

I like <u>cats</u> and <u>dogs</u>. 나는 고양이와 개를 좋아한다.
　　　명사　+　명사

She is <u>smart</u> and <u>funny</u>. 그 애는 똑똑하고 재미있다.
　　형용사　+　형용사

I <u>play tennis</u> and <u>swim</u>. 나는 테니스를 치고 수영을 한다.
　동사　　　+　동사

A 접속사 and로 이어 줄 수 있는 것끼리 연결하세요.

1 boys

2 clean the house

3 fast

a wash the dishes

b girls

c strong

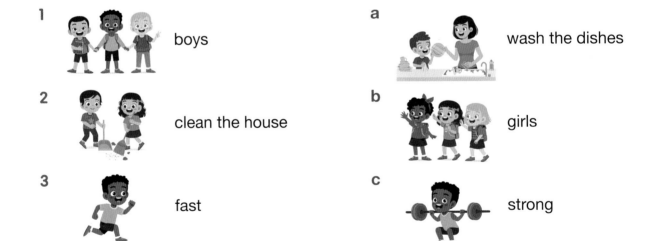

B 접속사 and를 사용해서 두 문장을 한 문장으로 만드세요.

1 He is kind. + He is friendly. → <u>He is kind and friendly.</u>

2 I like bananas. + I like apples. → _____

3 Chris sings well. + He dances well. → _____

❷ but

접속사 but은 서로 반대되거나 대조되는 내용을 연결하는 말로 '그러나',
'그런데'라는 뜻입니다.

Our car is old. + It runs fast.

→ Our car is old, but it runs fast.
   우리 차는 낡았지만 빨리 달린다.

I don't drink milk. + I drink soy milk.

→ I don't drink milk, but I drink soy milk.
   나는 우유를 안 마시지만 두유는 마신다.

★ but으로 연결되는 내용은 '서로 반대되는' 내용이어야 한다는 점을 꼭 기억하세요!

**Our car is old,
but it runs fast.**

C 접속사 but을 사용해서 두 문장을 한 문장으로 만드세요.

1 I am sad. + I don't cry. → I am sad, but I don't cry.

2 Seho is tall. + He is not strong. → _____

3 Dave likes dogs. + He doesn't like cats. → _____

D 괄호 안에서 알맞은 것을 골라 두 문장을 한 문장으로 만드세요.

1 I'm not hungry. I'm thirsty.
   → I'm not hungry, (**and** / **but**) I'm thirsty.

2 I have a baseball bat. I don't have a glove.
   → I have a baseball bat, (**and** / **but**) I don't have a glove.

3 My brother is good at math. I'm not good at math.
   → My brother is good at math, (**and** / **but**) I'm not.

4 Wendy likes action movies. I also like action movies.
   → Wendy (**and** / **but**) I like action movies.

UNIT 43 접속사(2)

1 or

Is she from the USA or Canada?

1. 접속사 or는 둘 중 하나를 말하는 경우에 사용하는 말이에요. '또는', '~이거나'라는 뜻입니다.

   His eyes are <u>green</u> or <u>blue</u>. 그의 눈은 초록색이거나 파란색이야.

2. 접속사 or는 선택을 물어보는 의문문에서 자주 사용돼요. '아니면'이라고 해석하면 돼요.

   Is she from <u>the USA</u> or <u>Canada</u>?
   그 애는 미국에서 왔니, 아니면 캐나다에서 왔니?

   Do you want <u>ice cream</u> or <u>cake</u>?
   아이스크림 먹을래, 아니면 케이크 먹을래?

A 우리말과 같은 뜻이 되도록 접속사 or가 들어가야 할 자리에 ✓로 표시하세요.

1 피트는 가수이거나 배우이다.
  → Pete is ☐ a singer ☐ an actor ☐.

2 그는 한국인이거나 일본인이다.
  → He ☐ is ☐ Korean ☐ Japanese.

3 딱딱한 빵을 원하세요, 아니면 부드러운 빵을 원하세요?
  → Do you ☐ want ☐ hard bread ☐ soft bread?

4 나탈리는 언니가 있니, 아니면 여동생이 있니?
  → Does Nathalie ☐ have ☐ an older sister ☐ a younger sister?

B 문장의 의미가 자연스럽도록 괄호 안에서 알맞은 것을 고르세요.

1 Is the event in March (**and** / **or**) April?

2 Do you want chocolate ice cream (**and** / **or**) strawberry ice cream?

3 Does he go to school by bus (**and** / **or**) subway?

2 so

접속사 so는 앞의 내용에 따른 결과를 말할 때 사용합니다. 우리말 해석은
'그래서', '~해서'로 하면 돼요.

It's Sunday, so I don't go to school.
  원인   →   결과
오늘은 일요일이다. 그래서 나는 학교에 가지 않는다.

My son likes books, so he often goes to the library.
         원인   →   결과
내 아들은 책을 좋아한다. 그래서 자주 도서관에 간다.

**It's Sunday,
so I don't go to
school.**

C 어울리는 표현을 연결해서 문장을 만드세요.

1 The exam is over,   a so he is very strong.

2 Jim plays a lot of sports,   b so I'm late for school.

3 The subway is not coming,   c so I'm playing computer games.

4 It is hot in this room,   d so I'm opening the window.

D 문장의 의미가 자연스럽도록 괄호 안에서 알맞은 것을 고르세요.

1 I don't have homework today, (**but** / **so**) I'm going to bed early.

2 Do you want a black dress (**or** / **so**) a white dress?

3 This is my favorite book, (**and** / **but**) my sister doesn't like it.

4 My grandmother loves animals, (**so** / **but**) she has two dogs (**and** / **so**) a cat.

A 접속사의 우리말 뜻을 연결하세요. 접속사 하나가 둘 이상의 뜻을 가질 수 있어요.

1 and

2 but

3 or

4 so

a 그러나

b 또는

c 그런데

d 그리고

e 아니면

f ~와

g ~이거나

h 그래서

B 그림을 보고, 괄호 안에서 알맞은 접속사를 고르세요.

1  I know you, (**and** / **but** / **so**) I don't remember your name.

2  She has a dog (**and** / **or** / **so**) a cat.

3  Do you want cake (**so** / **but** / **or**) an apple?

4  He works hard, (**or** / **but** / **so**) he makes a lot of money.

C 문장에서 어색한 부분을 찾아 동그라미 하고, 문장을 바르게 고쳐 쓰세요.

1 Joe's birthday is on this Friday and Saturday.

→ _____

2 She is polite and kindly to everyone.

→ _____

D 적절한 접속사를 사용해서 두 문장을 한 문장으로 만드세요.

1 My mom likes tomatoes. + I don't like them.

_____

2 I like action movies. + I like horror movies.

_____

E 다음은 준(June)의 자기 소개입니다. 빈칸에 알맞은 접속사를 써서 문장을 완성하세요.

- **이름**: 준(June)

- **좋아하는 동물**: 고양이와 개 (하지만 알레르기가 있음)

- **방과 후 활동**: 친구들과 농구 또는 축구

- **주말 활동**: 미스터리 소설 읽기

1 June likes cats ___and___ dogs, _____ he is allergic to them.

2 He plays basketball _____ soccer with his friends after school.

3 He loves mysteries, _____ he reads a mystery book on the weekend.

CHAPTER REVIEW

01 다음 중 전치사에 대한 설명으로 정확하지 <u>않은</u> 것을 <u>모두</u> 고르세요. 2점

① 전치사는 명사나 대명사 앞에 위치하는 말이다.

② 전치사는 시간, 장소 등을 나타낸다.

③ at, on, in은 전치사이다.

④ 전치사는 생략해도 된다.

⑤ 전치사는 두 문장을 하나로 이어 주는 말이다.

02 밑줄 친 at의 쓰임이 다른 하나를 고르세요. 2점

① Let's meet <u>at</u> the library.

② We learn English <u>at</u> school.

③ I often buy flowers <u>at</u> the flower shop.

④ He is having fun <u>at</u> the swimming pool.

⑤ The festival starts <u>at</u> 7 PM.

03 다음 중 밑줄 친 부분이 어법상 옳은 것은? 2점

① Let's meet <u>in</u> 9 AM.

② People eat turkey <u>on</u> Thanksgiving Day.

③ The movie starts <u>in</u> 2:30.

④ He watches TV <u>in</u> Saturday.

⑤ We don't go to school <u>at</u> winter.

04 다음 문장을 올바르게 영작한 것은? 2점

> 우리는 바닥에 누워 있는 중이다.

① We are lying on the floor.

② We are lying in the floor.

③ We are lying at the floor.

④ We are lying the floor.

⑤ We are lying on at the floor.

05 다음 빈칸에 알맞은 말을 고르세요. 2점

> Jack's family goes to church _____ Christmas Day.

① in   ② at

③ on   ④ from

⑤ until

06 다음 중 어법상 <u>어색한</u> 문장을 고르세요. 2점

① He is studying at school now.

② Don't play music loudly at night.

③ One of my friends studies at the USA.

④ My uncle lives in Chuncheon.

⑤ Hang your picture on the wall.

[07~08] 다음 빈칸에 알맞은 말을 고르세요. 각 2점

07

> I like mangoes _____ melons.
> They are sweet.

① and   ② but

③ or   ④ so

⑤ for

08

> I like Allison, _____ I don't like
> her best friend.

① and   ② but

③ or   ④ so

⑤ for

09 다음 빈칸에 공통으로 들어갈 말로 알맞은 것은? 3점

> • My final exams are over,
> _____ I'm happy.
> • My grandmother likes fried chicken,
> _____ she often eats it.

① at   ② but

③ or   ④ so

⑤ for

10 다음 그림을 가장 잘 묘사한 문장을 고르세요.
2점

① He likes broccoli but carrots.

② He likes broccoli and carrots.

③ He likes broccoli so carrots.

④ He likes broccoli in carrots.

⑤ He likes broccoli on carrots.

11 다음 중 어법상 옳은 문장의 개수를 고르세요.
4점

> ⓐ He is young and strong.
> ⓑ We listen to the teacher and study hard.
> ⓒ She likes math, but she don't like science.
> ⓓ Do you want a cold drink or hot?
> ⓔ He is a nice guy, so everyone likes him.

① 1개   ② 2개

③ 3개   ④ 4개

⑤ 5개

12 at, on, in 중 빈칸에 알맞은 전치사를 쓰세요. 각 2점

(1) Frogs sleep _____ winter.

(2) Let's meet _____ 3 o'clock.

(3) Summer vacation starts _____ July 27.

(4) _____ Christmas Day, we have a party.

(5) We play basketball _____ Saturdays.

13 다음 두 문장을 한 문장으로 만들 때, 빈칸에 알맞은 말을 쓰세요. 각 3점

(1)
> The man is kind. + The man is sweet.

→ The man is _____ _____ .

(2)
> Allison loves hip-hop. + I don't like it.

→ Allison loves hip-hop, _____ _____ _____

_____ .

14 (A)와 (B) 상자에서 알맞은 말을 하나씩 골라 문장을 완성하세요. 각 3점

(A)	(B)
and but or	in August brown hair it's not cold

(1) Steve has brown eyes (A) _____ (B) _____ .

(2) It's snowing, (A) _____ (B) _____ .

(3) Is your birthday in July (A) _____ (B) _____ ?

01 □□□□ 란 명사나 대명사 □ 에 쓰여서 '시간, 장소, 방향' 등을 나타내는 말이다.

02 시간 전치사 □□ 은 '구체적인 시각, 특정한 시점'을 나타낼 때 사용한다. 시간 전치사 □□ 은 '날짜, 요일, 특정한 날'을 나타낼 때 사용한다. 시간 전치사 □□ 은 '연도, 달, 계절 등 비교적 긴 시간'을 나타낼 때 사용한다.

03 장소 전치사 □□ 은 집, 학교 등 비교적 '좁은 장소나 한 지점'을 나타낼 때 사용한다. 장소 전치사 □□ 은 '표면에 붙어 있는 상태'를 나타낼 때 사용한다. 장소 전치사 □□ 은 도시, 국가 등 비교적 '넓은 장소나 공간의 내부'를 나타낼 때 사용된다.

04 □□□□ 란 두 단어, 문장 등을 하나로 이어 주는 말이다.

05 □□□□ 는 서로 비슷한 말을 연결하는 접속사로 '그리고', '~와'라는 뜻이다. □□□□ 은 서로 반대되는 말을 연결하는 접속사로 '그러나', '그런데'라는 뜻이다.

06 접속사 □□ 는 둘 중 하나를 선택할 때 사용하며, □□ 는 앞 내용에 대한 결과를 나타내고자 할 때 사용한다.

정답 및 해설

UNIT 01 셀 수 있는 명사 (1) · 18쪽 ·

A

1 c	2 d
3 b	4 a

셀 수 있는 명사가 하나일 때는 단수 형태로 쓰고, 명사 앞에 a나 an을 써요.

B

1 c	2 d
3 a	4 b

단수 명사 앞에는 a나 an을 꼭 써야 해요. '컵 한 개'를 그냥 cup이라고 하면 안 돼요. a cup이라고 해야 '컵 한 개'라는 뜻이 돼요.

C

1 pens	2 bikes
3 carrots	4 boys

명사가 둘 이상일 때는 a나 an을 쓰지 않고, 명사를 복수형으로 써요. 복수형은 보통 명사 끝에 -s를 붙여요.

D

1 pencils	2 apples
3 cats	4 girls

명사가 둘 이상일 때 몇 개인지를 나타내려면 숫자를 나타내는 말(two, three, four...)을 쓰고 그 뒤에 명사를 복수형으로 써요.

UNIT 02 셀 수 있는 명사 (2) · 20쪽 ·

A

1 foxes	2 peaches
3 boxes	4 brushes

s, x, ch, sh, o로 끝나는 명사는 복수형을 만들 때 -es를 붙여요.

B

1 dishes	2 dresses
3 potatoes	4 buses

s, x, ch, sh, o로 끝나는 명사는 복수형을 만들 때 -es를 붙여요.

C

1 babies	2 flies
3 cherries	

'자음+y'로 끝나는 명사는 복수형을 만들 때 y를 i로 바꾸고 -es를 붙여요.

D

1 leaves	2 wolves

f로 끝나는 명사는 복수형을 만들 때 f를 v로 바꾸고 -es를 붙일 때가 있어요.

UNIT 03 셀 수 있는 명사 (3) · 22쪽 ·

A

1 women	2 mice
3 children	

단수형과 복수형이 아예 다르게 생긴 명사들은 복수형을 반드시 외워야 해요.

B

1 mice	2 men
3 oxen	4 people

단수형과 복수형이 아예 다르게 생긴 명사들은 복수형을 반드시 외워야 해요.

C

1 teeth	2 feet
3 geese	4 fish
5 deer	6 sheep

1-3 중간에 oo가 들어가는 단어들은 복수형을 만들 때 oo를 ee로 바꿔 줘요.

4-6 fish, deer, sheep은 단수형과 복수형이 같아요.

D

1 OK
2 OK
3 two feet

1 sheep은 단수형과 복수형이 같아서 복수형도 sheep이니까 잘못된 것이 없어요.

2 fish는 단수형과 복수형이 같아서 복수형도 fish예요. 잘못된 것이 없어요.

3 foot의 복수형은 feet이고, 이미 복수형이니까 -s를 붙이면 안 돼요.

A
| 1 girls | 2 a flower |
| 3 cups | 4 dogs |

셀 수 있는 명사가 하나일 때는 a/an과 단수형을 쓰고, 둘이상일 때는 복수형을 써요.

B
1 keys	2 cats
3 children	4 men
5 mice	6 leaves
7 feet	8 dishes

1 key는 '모음+y'로 끝나니까 복수형은 그냥 -s를 붙이면 돼요.

2 cat의 복수형은 그냥 -s를 붙이면 돼요.

3 child의 복수형은 children으로 불규칙하게 변해요.

4 man의 복수형은 men으로 불규칙하게 변해요.

5 mouse의 복수형은 mice로 불규칙하게 변해요.

6 leaf의 복수형은 f를 v로 바꾸고 -es를 붙여요.

7 foot의 복수형은 feet로 불규칙하게 변해요.

8 dish는 sh로 끝나니까 복수형은 -es를 붙여요.

C
| 1 mice | 2 fish |
| 3 students | |

1 mouse의 복수형은 mouses가 아니라 mice예요.

2 fish의 복수형은 fishes가 아니라 똑같이 fish예요.

3 student의 복수형은 그냥 -s를 붙이면 돼요.

D
1 I have many candies.
2 She has three children.
3 I like superheroes.

1 candy의 복수형은 candys가 아니라 candies예요.

2 child의 복수형은 childs가 아니라 children이에요.

3 superhero는 o로 끝나서 -es를 붙여요.

E

☐ an apple ☐ books
☐ a laptop ☐ a ruler
☐ a clock ☐ pens
☐ a phone

사과, 노트북, 자, 시계, 전화기는 하나만 있으니까 명사 앞에 a나 an을 붙여요. (apple은 모음으로 시작하니까 an을 붙여야겠죠?) 책은 세 권이 있고 펜은 두 개 있으니까 a나 an을 붙이지 않고 복수형으로 써요.

UNIT 04 셀 수 없는 명사(1) •26쪽•

A
| 1 love | 2 friendship |
| 3 music | 4 homework |

love(사랑), friendship(우정), music(음악), homework(숙제)처럼 추상적인 개념을 나타내는 명사를 '추상 명사'라고 해요.

B
| 1 good luck | 2 happiness |
| 3 have fun | |

셀 수 없는 명사에는 a/an을 붙이거나 복수형으로 쓸 수 없어요.

C
| 1 China | 2 January |
| 3 Seoul | 4 Sophia |

1 나라 이름은 고유 명사라서 첫 글자를 대문자로 써요.

2 달 이름은 고유 명사라서 a를 붙이지 않아요.

3 도시 이름은 고유 명사라서 복수형으로 쓰지 않아요.

4 사람 이름은 고유 명사라서 a를 붙이지 않아요.

D
| 1 Canada | 2 Julie |
| 3 Sunday | |

고유 명사는 a/an을 붙일 수 없고, -s를 붙여서 복수형을 만들 수도 없어요.

UNIT 05 셀 수 없는 명사(2)

• 28쪽 •

A
1 a glass of milk
2 two cups of coffee
3 three bottles of juice

milk, coffee, juice는 단위를 이용해서 셀 수 있어요.

B
1 glass   2 a bottle of
3 tea

1 괄호 앞에 a가 있으니까 단수 명사 glass가 와야 해요.
2 mineral water(생수)는 셀 수 없는 명사라서 bottle이라는 단위를 이용해서 셀 수 있어요.
3 '차 세 잔'이라고 할 때 cup에만 -s를 붙이고 tea에는 -s를 붙이지 않는 것에 주의하세요.

C
1 a bowl of rice
2 two pieces of cake
3 a sheet of paper

2 '케이크 두 조각'을 영어로 나타낼 때 cake에는 -s를 붙이지 않고 단위(piece)에만 -s를 붙여요.

D
1 OK
2 two slices of pizza
3 a loaf of bread 또는 bread

2 '피자 두 조각'을 영어로 나타낼 때 pizza에는 -s를 붙이지 않고 단위(slice)에만 -s를 붙여요.
3 bread에는 관사 a를 붙이면 안 되고, 그냥 bread라고 쓰거나 a loaf of bread라고 써야 해요.

MINI REVIEW Units 04-05

• 30쪽 •

A
1 hope   2 Japan
3 March   4 love
5 salt   6 tea

셀 수 없는 명사는 a/an이나 -s를 붙일 수 없어요.
2 고유 명사의 첫 글자는 대문자로 써요.

B
1 four slices of cheese
2 six loaves of bread
3 two cups of coffee
4 three bottles of wine
5 four pieces of pizza
6 five glasses of water

수량 표현을 할 때, 각각의 셀 수 없는 명사에 쓰이는 단위가 어떤 것인지 잘 기억하세요.

C
1 glass → Tim drinks two glasses of apple juice every day.
2 lucks → Good luck to you!
3 a Shanghai → She is from Shanghai.

1 앞에 two가 있으니 glass를 복수형으로 써야 해요.
2 luck은 셀 수 없는 추상 명사라서 복수형으로 쓸 수 없어요.
3 Shanghai는 고유 명사라서 앞에 a를 붙일 수 없어요.

D
1 We have fun together.
2 She is from Korea.
3 I have homework today.
4 I love K-pop music.

1 추상 명사 fun에는 관사 a를 붙이지 않아요. (우리는 함께 즐겁게 놀아.)
2 고유 명사 Korea의 첫 글자를 대문자로 써야 해요. (그 애는 한국에서 왔다.)
3 homework는 셀 수 없는 명사라서 관사 a를 붙이지 않고 복수형으로도 쓰지 않아요. (나는 오늘 숙제가 있어.)
4 추상 명사 music에는 관사 a를 붙이지 않아요. (나는 케이팝 음악을 사랑해.)

E
1 pencils   2 bread
3 Sugar   4 Sunday
5 Kelly   6 Russia
7 water

1 나는 필통 안에 다섯 자루의 연필을 가지고 있다.
2 샐리는 슈퍼마켓에서 빵 한 덩어리를 산다.
3 설탕은 단맛이 난다.
4 나는 오늘 학교에 가지 않는다. 오늘은 일요일이다.

5 켈리는 내 제일 친한 친구이다.

6 이반은 러시아에서 왔다.

7 나는 물 한 잔이 필요하다.

 **관사** • 32쪽 •

A
| **1** a pencil | **2** books |
| **3** a rabbit | **4** a man |

명사가 하나일 때는 앞에 a나 an을 붙이고, 둘 이상일 때는 a나 an을 붙이지 않고 복수형으로 써요.

B
| **1** a banana | **2** The |
| **3** The car | |

1 특별하지 않은 하나를 나타낼 때는 명사의 단수형 앞에 a를 써요.

2 말하는 사람끼리 서로 알고 있는 것을 말할 때는 '그'를 뜻하는 정관사 the를 써요.

3 앞에서 이미 얘기한 적 있는 명사를 말할 때 '그'를 뜻하는 정관사 the를 써요.

C
| **1** elephants | **2** four trees |
| **3** cars | **4** a box |

명사가 둘 이상이면 반드시 복수형으로 써야 해요.

D
| **1** dogs | **2** cell phone |
| **3** The glasses | |

1 four는 둘 이상이니까 four 뒤에는 명사의 복수형이 와야 해요.

2 앞에 관사 a가 있으므로 단수 명사가 와야 해요. 복수 명사 앞에는 관사 a를 붙이지 않아요.

3 앞에서 말한 복수 명사를 다시 말할 때 정관사 the를 붙여요.

UNIT 07 *a/an과 the* • 34쪽 •

A
1 an	**2** a
3 an	**4** a
5 an	**6** a

발음이 자음으로 시작하는 명사 앞에는 a를 쓰고, 모음으로 시작하는 명사 앞에는 an을 써요.

3 명사 man을 꾸며 주는 말 old가 모음으로 시작하니까 an을 써야 해요.

6 uniform은 발음이 [유]로 시작하니까 an이 아니라 a를 붙여요.

B
| **1** an | **2** a |
| **3** a | |

명사 앞에 꾸며 주는 말이 나오면 그것에 맞춰서 a나 an을 써야 해요.

3 university는 발음이 [유]로 시작하니까 an이 아니라 a를 붙여요.

C
| **1** the | **2** the |
| **3** the | |

sky(하늘), sun(태양), moon(달)은 하나밖에 없는 것이라서 정관사 the를 써 줍니다.

D
1 The	**2** The
3 a, The	**4** The
5 the, the	

1 이미 얘기한 명사를 다시 말할 때 정관사 the를 씁니다.

2 탁자 위의 병을 이미 언급했으므로 정관사 the를 씁니다.

3 '햄스터 한 마리'를 키운다고 할 때는 부정관사 a를 쓰고, 이미 얘기한 햄스터를 말할 때는 정관사 the를 써요.

4 이미 얘기한 명사를 다시 말할 때 정관사 the를 씁니다.

5 악기를 연주한다고 할 때 악기 앞에 정관사 the를 씁니다.

 **MINI REVIEW** Units **06-07** • 36쪽 •

A
| **1** apples | **2** a bird |
| **3** the sun | **4** the girls |

1 명사가 둘 이상일 때는 복수형을 씁니다.

2 명사가 하나일 때는 관사 a와 명사의 단수형을 씁니다.

3 sun(태양)은 하나밖에 없는 것이라 정관사 the를 씁니다.

4 정관사 the는 단수 명사와 복수 명사에 둘 다 쓸 수 있습니다. 그림에서 소녀가 세 명이므로 복수형을 씁니다.

B

1 a	2 The
3 the	4 an, a
5 a, The	

부정관사 a/an과 정관사 the의 쓰임을 잘 구분하세요. 특정한 것을 가리킬 때 정관사 the를 씁니다.

C

1 a card in the present

2 The moon

1 이미 얘기한 명사를 다시 말할 때 정관사 the를 씁니다.

2 달은 하나밖에 없는 것이라서 정관사 the를 씁니다.

D

1 an interesting book

2 play the piano

3 The picture

1 명사 앞에서 명사를 꾸며 주는 interesting이 모음으로 시작하므로 an을 씁니다.

2 악기를 연주한다고 할 때 악기 앞에 the를 씁니다.

3 이미 얘기한 것을 말할 때 the를 씁니다.

E

1 A girl	2 the
3 an	4 an
5 the	

1 girl은 셀 수 있는 명사이므로 단수일 때 관사를 써 줘야 해요. 말한 적 없고 누구인지 모르는 소녀이므로 부정관사 a를 씁니다.

2 방금 말한 소녀를 말하는 것이므로 정관사 the를 씁니다.

3 hour는 발음이 모음으로 시작하므로 a가 아니라 an을 씁니다.

4 apartment는 모음으로 시작하므로 an을 씁니다.

5 악기를 연주한다고 할 때 악기 앞에 the를 씁니다.

한 여자애가 나에게 인사를 한다. 나는 그 여자애를 모른다. 나는 그 애에 대해 한 시간 동안 생각한다. 오, 기억났다! 그 애는 우리 집 근처의 아파트에 산다. 그 애는 바이올린을 연주한다.

CHAPTER REVIEW

• 38쪽 •

01 ④	02 ④	03 ⑤
04 ①	05 ⑤	06 ③
07 ④	08 ②	09 ⑤
10 ④	11 ④	12 ①

13 (1) puppies

(2) sandwich, tomatoes

14 three dishes

15 two bowls of rice

01 duck(오리), car(자동차), flower(꽃), tree(나무)가 셀 수 있는 명사니까 명사의 개수는 총 4개예요. 나머지는 셀 수 없는 명사예요.

02 빈칸 앞에 two가 있으니까 뒤에는 명사의 복수형이 와야 하는데, fish는 복수형도 fish니까 가능해요.

03 ⑤ strawberry는 '자음(r)+y'로 끝나는 명사니까 복수형을 만들 때 y를 i로 바꾸고 -es를 붙여요. (→ strawberries)

04 ① sheep은 단수형과 복수형이 같아요. sheeps가 아니라 sheep이 올바른 복수형이에요.

05 ⑤ roof는 f로 끝나지만 복수형을 만들 때 f를 v로 바꾸지 않고 그냥 -s를 붙여요. (→ roofs) 나머지는 f를 v로 바꾸고 -es를 붙여요. (leaf → leaves, wolf → wolves, knife → knives, wife → wives)

06 • 단수 명사를 쓸 때는 a와 함께 써야 해요. 복수 명사에는 a를 쓰면 안 돼요.

• 빈칸 앞에 two가 있으니까 빈칸에는 명사의 복수형이 들어가야 해요.

07 o로 끝나는 단어는 -es가 붙어 heroes가 맞습니다.

① 나는 드레스 두 벌을 산다. ② 그 아이들이 함께 논다. ③ 나는 두 개의 상자를 가지고 있다. ④ 그들은 영웅들이다. ⑤ 나는 두 편의 이야기를 읽는다.

08 ⓒ tooth의 복수형은 teeth ⓓ toy의 복수형은 toys ⓔ leaf의 복수형은 leaves예요.

09 ⑤ coffee는 셀 수 없는 명사라서 관사 없이 쓸 수 있어요.

① English가 모음으로 시작하니까 앞에 a가 아니라 an이 와야 해요. (→ She is an English teacher.)

② puppy는 셀 수 있는 명사라서 단수형으로 쓸 때는 관사를 꼭 써야 해요. (→ They have a cute puppy.)

③ salt는 셀 수 없는 명사라서 관사 a를 붙이면 안 돼요. (→ I don't have salt.)

④ paper는 셀 수 없는 물질 명사로 sheet라는 단위를 이용해서 셀 수 있어요. 이때 두 장 이상이면 단위인 sheet를 복수형으로 써야 해요. (→ I need two sheets of paper.)
① 그분은 영어 선생님이다. ② 그들은 귀여운 강아지를 키운다. ③ 나는 소금이 없다. ④ 나는 종이 두 장이 필요하다. ⑤ 엄마는 매일 아침 커피를 드신다.

10 pizza는 셀 수 없는 명사라서 그 자체를 복수형으로 쓰지 않고, slice나 piece라는 단위를 이용해서 셀 수 있어요. 이때 단위에 -s를 붙여야 하고, pizza에는 -s를 붙이면 안 돼요.

11 주어진 두 문장은 My uncle has a car. The car is very old.로 영작할 수 있어요. 처음에 '차 한 대'를 언급할 때는 부정관사 a를 쓰지만, 두 번째 문장에서는 이미 얘기한 것을 다시 말하는 것이니까 정관사 the를 써야 해요.

12 ⓐ 악기 앞에는 정관사 the를 붙여요. (→ My sister plays the piano.)
ⓑ bike는 셀 수 있는 명사라서 단수형으로 쓰려면 관사를 써야 해요. (→ I don't have a bike.)
ⓒ sky 앞에는 정관사 the를 꼭 붙여요. (→ Stars shine in the sky.)
ⓓ milk는 셀 수 없는 명사라서 관사 a를 붙일 수 없고, 단위를 이용해서 셀 수 있어요. (→ I drink a glass of milk in the morning. 또는 I drink milk in the morning.)
ⓐ 언니는 피아노를 친다. ⓑ 나는 자전거가 없다. ⓒ 별들이 하늘에서 빛난다. ⓓ 나는 아침에 우유 한 잔을 마신다.

13 (1) two 뒤에는 puppy의 복수형이 와야 하는데 puppy는 '자음+y'로 끝나는 명사라서 y를 i로 바꾸고 -es를 붙여요. (우리는 강아지 두 마리를 키운다.)
(2) 관사 a 뒤에 단수형이 와야 하니까 sandwich가 맞고, three 뒤에는 tomato의 복수형이 와야 하는데 o로 끝나는 명사니까 -es를 붙여요. (나는 아침으로 샌드위치 하나와 토마토 세 개를 먹는다.)

14 sh로 끝나는 단어는 복수형을 만들 때 -es를 붙여요.

15 셀 수 없는 명사의 수량 표현을 잘 기억하세요. rice(밥)는 bowl(그릇)이라는 단위를 사용해서 셀 수 있어요.

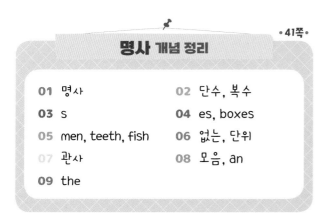

• 41쪽 •

명사 개념 정리

01 명사		**02** 단수, 복수	
03 s		**04** es, boxes	
05 men, teeth, fish		**06** 없는, 단위	
07 관사		**08** 모음, an	
09 the			

Chapter 2 대명사

UNIT 08 주격 대명사
• 44쪽 •

A
1 he		2 I	
3 it		4 you	

B
1 She		2 You	
3 It		4 He	

C
1 you		2 we	
3 they		4 they	

3-4 물건(그것들)과 사람(그들) 모두 둘 이상일 때는 they로 대신한다는 것을 꼭 기억하세요.

D
1 They		2 We	
3 You			

3 '너'와 '너희' 모두 you로 대신한다는 것을 꼭 기억하세요.

UNIT 09 목적격 대명사
• 46쪽 •

A
1 너를		2 그녀를	
3 그것을			

B
1 her		2 me	
3 him			

C
1 우리를		2 그것들을	
3 너희를			

2 it(그것을)의 복수는 them(그것들을)이라는 것을 꼭 기억하세요.

3 you는 단수와 복수 형태가 같고, '너를'도 되고 '너희를'도 된다는 것을 꼭 기억하세요.

D

1 them	2 us
3 you	4 them

1 목적격 대명사 자리이므로 them을 씁니다.

2 목적격 대명사 자리이므로 us을 씁니다.

3 목적격 대명사 자리이므로 you를 씁니다. you는 주격과 목적격의 형태가 같다는 것을 꼭 기억하세요.

4 목적격 대명사 자리이므로 them을 씁니다. them은 사람과 사물 모두 대신할 수 있다는 것을 꼭 기억하세요.

MINI REVIEW Units 08-09
•48쪽•

A

1 she	2 it
3 we	4 they

주격 대명사의 형태를 잘 기억하세요.

B

1 그를	2 그것은
3 너는	4 우리를
5 나는	6 그녀를
7 그들은	8 그는
9 그것들은	10 그것을

주격 대명사와 목적격 대명사를 구별할 수 있어야 해요. 주격은 우리말로 '~은/는/이/가', 목적격은 '~을/를'로 해석돼요.

C

1 He	2 her
3 They	

1 My dad는 남자이고 한 명이므로 대명사 he로 대신할 수 있는데, 주어 자리이므로 그대로 he를 씁니다. (아빠는 지금 집에 계시다. 그는 거실에 계시다.)

2 My baby sister는 여자이고 한 명이므로 she로 대신할 수 있는데, 목적어 자리이므로 목적격 대명사 her를 씁니다. (내 여동생은 귀엽다. 나는 그 애를 사랑하다.)

3 Ben and Ian은 둘 이상이므로 대명사 they로 대신할 수 있는데, 주어 자리이므로 그대로 they를 씁니다. (벤과 이언은 영국에서 왔다. 그들은 내 친구들이다.)

D

1 They like chicken.

2 I miss him.

3 Mom loves me.

4 Many people help us.

1 주어 자리이므로 목적격 Them이 아니라 주격 They여야 합니다. (그들은 치킨을 좋아한다.)

2 목적어 자리이므로 주격 he가 아니라 목적격 him이어야 합니다. (나는 그를 그리워한다.)

3 목적어 자리이므로 주격 I가 아니라 목적격 me여야 합니다. (엄마는 나를 사랑하신다.)

4 목적어 자리이므로 주격 we가 아니라 목적격 us여야 합니다. (많은 사람들이 우리를 돕는다.)

E

1 them	2 they
3 me	4 We
5 She	6 him

우리말에서 '~은/는'은 주격 대명사로, '~을/를'은 목적격 대명사로 쓰면 돼요. 주어진 글을 영어로 옮기면 다음과 같습니다.

Lisa and Minwoo are my best friends. I like them, and they like me. We play together every day. Lisa is good at many things. She is very good at English. Minwoo is tall. He is good at basketball. Everyone likes him.

UNIT 10 지시 대명사(1)
•50쪽•

A

1 This	2 this
3 This	4 This

가까이 있는 물건이나 사람 하나를 가리킬 때는 '이것' 또는 '이 사람'이라는 뜻의 'this'를 씁니다.

B

1 This	2 This
3 this	

1 이 문장에서 This는 물건을 가리키고 '이것'이라는 뜻이에요.

2 이 문장에서 This는 사람을 가리키고 '이 사람' 또는 '이분'이라는 뜻이에요.

3 이 문장에서 this는 명사 song을 꾸며 주는 지시 형용사로 this song은 '이 노래'라고 해석하면 돼요.

C

1 That   2 This

3 That   4 this

가까이 있는 하나를 가리킬 때는 '이것'이라는 뜻의 this를 쓰고, 멀리 있는 하나를 가리킬 때는 '저것'이라는 뜻의 that 을 사용합니다.

D

1 That   2 This

3 OK

1 '저것은'이니까 This가 아니라 That을 씁니다.

2 '이것은'이니까 That이 아니라 This를 씁니다.

3 모자를 꾸며 주는 말이 '저'이므로 That이 맞아요.

UNIT 11 지시 대명사 (2) • 52쪽

A

1 These   2 This

3 These   4 These

가까이 있는 '하나'를 가리킬 때는 '이것' 또는 '이 사람'이라는 뜻의 this를 쓰고, 가까이 있는 '여러 개'를 가리킬 때는 '이것들' 또는 '이 사람들'이라는 뜻의 these를 씁니다.

B

1 are   2 These

3 is

this가 주어일 때는 뒤에 동사 is가 오고, these가 주어일 때 는 뒤에 동사 are가 와요.

C

1 These   2 Those

3 These   4 Those

가까이 있는 '둘 이상'을 가리킬 때는 '이것들' 또는 '이 사람 들'이라는 뜻의 these를 써요. 멀리 있는 '둘 이상'을 가리킬 때는 '저것들' 또는 '저 사람들'이라는 뜻의 those를 써요.

D

1 Those   2 Those

3 These

this, that, these, those는 지시 대명사로 쓰일 수도 있고 명사를 꾸며 주는 지시 형용사로 쓰일 수도 있어요.

A

1 those   2 this

3 these   4 that

'이것', '이 사람'은 this, '저것', '저 사람'은 that, '이것들', '이 사람들'은 these, '저것들', '저 사람들'은 those. 각각에 해 당하는 지시 대명사를 잘 기억하세요.

B

1 This   2 That

3 Those are   4 These

5 friends

1 가까이 있는 하나이므로 This를 씁니다.

2 멀리 있는 한 사람이므로 That을 씁니다.

3 멀리 있는 새가 여러 마리이므로 Those are를 씁니다.

4 가까이 있는 여러 개이므로 These를 씁니다.

5 주어가 These일 때 뒤에 나오는 명사도 복수형으로 써야 합니다.

C

1 These flowers are for you.

2 That is an expensive car.

3 These are her favorite plates.

1 해석이 '이 꽃들'이므로 those를 these로 바꿔야 해요.

2 해석이 '저것'이므로 'those'를 'that'으로 바꿔야 하고, 그 에 맞게 동사도 are에서 is로 바꿔야 해요.

3 해석이 '이것들'이므로 This를 These로 바꿔야 하고, 그 에 맞게 동사도 is에서 are로 바꿔야 해요.

D

1 That is my violin.

2 This is my uncle.

3 These shoes are new.

4 Those are my classmates.

1 저것은 나의 바이올린이야.

2 이 사람은 나의 삼촌이야.

3 이 신발들은 새것이야.

4 저 애들은 나의 반 친구들이야.

E
1 This is my bed.
2 This is my doll.
3 Those are my books.
4 This is my guitar.

1 침대가 하나이므로 This is로 바꿉니다.

2 인형이 하나이므로 단수 명사 doll로 바꿉니다.

3 멀리 있는 책이 여러 권이므로 That을 Those로 바꿉니다.

4 기타는 하나이고 가까이 있으므로 That을 This로 바꾸고 동사를 are에서 is로 바꿉니다.

UNIT 12 소유격 대명사(소유 형용사) •56쪽•

A
1 my   2 its
3 his   4 her

소유격 대명사 뒤에는 반드시 명사가 따라 나와요.

B
1 My   2 your
3 his

C
1 their   2 our
3 their   4 your

4 your는 단수 '너의'도 될 수 있고 복수 '너희들의'도 될 수 있어요.

D
1 their   2 our
3 Your

1 '그들의'이므로 소유격 대명사 their로 고쳐야 해요.

2 '우리 집'은 '우리의 집'이라는 뜻이므로 '우리의'에 해당하는 소유격 대명사 our로 고쳐야 해요.

3 '너희의'이므로 소유격 대명사 your로 고쳐야 해요.

UNIT 13 소유 대명사 •58쪽•

A
1 hers   2 yours
3 his   4 mine

B
1 It is his.
2 This is yours.
3 Hers is on the table.

'소유격+명사'를 소유 대명사(~의 것)로 바꾸어 쓸 수 있어요.

C
1 ours   2 yours
3 theirs   4 their

4 뒤에 명사(horses)가 나오므로 소유 대명사 theirs가 아니라 소유격 대명사 their를 써야 합니다.

D
1 Theirs   2 Ours
3 Yours

1 우리 차는 검은색이다. 그들의 것은 흰색이다.

2 너희 개는 조용하다. 우리 개는 시끄럽다.

3 그들의 학교는 작다. 너희 학교는 크다.

UNIT 14 명사의 소유격 •60쪽•

A
1 Jane's
2 Peter's
3 Grandma's
4 our dog's

명사의 소유격을 만들기 위해서는 명사 뒤에 -'s를 붙여요.

B
1 Amy's   2 brother's
3 mom's

C
1 students'   2 boys'
3 dogs'   4 children's

1-3 s로 끝나는 복수 명사는 소유격을 만들 때 -'(어퍼스트로피)만 붙여요.

4 s로 끝나지 않는 복수 명사는 소유격을 만들 때 -'s를 붙여요.

D
1 brothers'　　　2 cats'
3 men's

1-2 -s로 끝나는 복수 명사는 소유격을 만들 때 -'(어퍼스트로피)만 붙여요.

3 -s로 끝나지 않는 복수 명사는 소유격을 만들 때 -'s를 붙여요.

MINI REVIEW　Units 12-14　•62쪽•

A
1 her, hers　　　2 our, ours
3 their, theirs　　4 your, yours

소유격 대명사 뒤에는 명사가 나오고, 소유 대명사 뒤에는 명사가 나오지 않아요.

B
1 her　　　2 His
3 their　　4 Your
5 book's

1-4 대명사의 소유격 형태를 잘 기억하고 혼동하지 않도록 주의하세요.

5 단수 명사의 소유격은 명사 뒤에 -'s를 붙입니다.

C
1 I know Mike's secret.
2 The boys' room is clean.
3 These books are mine.

1 해석이 '마이크의'이므로 Mike's로 소유격을 나타내 줘야 해요.

2 해석이 '남자아이들의'이므로 the boy's가 아니라 the boys'가 되어야 해요. the boy's로 하면 '그 남자아이의 방은 깨끗하다.'라는 뜻이에요.

3 해석이 '나의 것'이므로 my가 아니라 mine으로 써야 해요.

D
1 Jane's dog is gentle.
2 Her name is Clara.
3 This notebook is yours.
4 I know my grandparents' names.

1 제인의 개는 순하다.
2 그녀의 이름은 클라라이다.
3 이 공책은 너의 것이다.
4 나는 조부모님의 성함을 안다.

E
1 sister's　　　2 her
3 mine　　　　4 brother's
5 our

1 단수 명사의 소유격은 명사 뒤에 -'s를 붙여요.

2 명사 앞에 오는 소유격 대명사는 her입니다. hers는 '그녀의 것'이에요.

3 뒤에 명사가 나오지 않았으므로 '내 것'이라는 뜻의 소유 대명사 mine으로 써야 해요.

4 단수 명사의 소유격은 명사 뒤에 -'s를 붙여요.

5 '우리의'라는 뜻의 소유격 대명사는 our입니다. us는 '우리를'이라는 뜻의 목적격 대명사에요.

이것은 내 여동생의 방이다. 벽에 그 애의 사진들이 있다. 침대 위에 내 티셔츠가 있다. 침대 위의 책도 내 것이다. 바닥 위에는 내 오빠의 노트북이 있다. 그 애는 늘 우리의 물건들을 쓴다.

CHAPTER REVIEW　•64쪽•

01 ② ③ ④　　02 ②　　　03 ③
04 ④　　　　05 ②　　　06 ⑤
07 ③　　　　08 ④　　　09 ②
10 ① ③ ④　　11 ①
12 (1) We　　(2) it　　(3) Their
13 They, Their, them
14 (1) This, that
　 (2) These, those
15 (1) Parents love their children.
　 (2) These are those children's toys.

01 ① you는 2인칭, ⑤ we는 1인칭이에요.

02 첫 번째 빈칸에는 '그녀를'이라는 뜻의 목적격 대명사 her가 들어가야 하고, 두 번째 빈칸에는 '그녀의'라는 뜻의 소유격 대명사 her가 들어가야 해요. 따라서 공통으로 들어갈 말은 her예요.

A: 너 저 여자애 아니?
B: 응, 나 걔 알아. 그 애는 브랜든의 여동생이야.
A: 그 애의 이름을 알아?
B: 아니, 몰라.

03 ③의 They는 주격 대명사이고 나머지는 모두 목적격 대명사입니다.

① 나는 그것을 아주 좋아한다. ② 나는 그를 매일 학교에서 본다. ③ 그들은 내 친구들이다. ④ 모두가 그녀를 좋아한다. ⑤ 나는 그들을 아주 잘 안다.

04 ④ them은 '그들을'이라는 뜻의 목적격 인칭 대명사예요.

05 ② your book의 복수 형태는 your books입니다.

06 • 동사가 is이고 뒤에 단수 명사 my grandfather가 나오므로 This (이분은 내 할아버지이시다.)

• 동사가 are이고 뒤에 복수 명사 shoes가 나오므로 Those (저것들은 내 신발이다.)

• 뒤에 단수 명사 game이 나오므로 That (저 게임은 재미있다.)

• 동사가 are이고 뒤에 복수 명사 fruits가 나오므로 These (이것들은 내가 제일 좋아하는 과일들이다.)

07 '마사와 나'(Martha and I)는 '우리'라고 대신해서 나타낼 수 있어요. 따라서 '우리'를 나타내는 주격 대명사인 we가 와야 합니다. (마사와 나는 좋은 친구이다. 우리는 같은 반에 있다.)

08 Mike와 Jenny의 딸이므로 their(그들의)가 적절해요. (마이크와 제니는 부부이다. 그들의 딸은 7살이다.)

09 ② 뒤에 복수 명사 oranges가 나오므로 This가 아니라 These여야 해요. (→ These oranges are sweet.)

① 나의 선생님들은 친절하시다. ② 이 오렌지들은 달다. ③ 저게 그 애의 집이야. ④ 저것들은 좋은 신발이다. ⑤ 네 친구들은 멋지구나.

10 빈칸에는 '~의'라는 뜻의 소유격 대명사나 명사의 소유격이 들어가는 것이 적절해요.

11 ② → This is Alex's hat. ③ → Those are Tom's badges. ④ → This jacket is mine. ⑤ → She is my brother's girlfriend.

① 나는 엄마의 새 자전거를 좋아한다. ② 이것은 알렉스의 모자이다. ③ 저것들은 톰의 배지들이다. ④ 이 재킷은 내 것이다. ⑤ 그 애는 내 오빠의 여자친구이다.

12 ⑴ 문장 맨 앞의 주어 자리에는 주격 대명사가 옵니다. (우리는 오늘 시험이 있다.)

⑵ 목적격 대명사 자리입니다. (제임스는 귀여운 필통을 가지고 있다. 그는 그것을 좋아한다.)

⑶ '그들의'라는 뜻의 소유격 대명사는 Their이고, Theirs는 '그들의 것'입니다. (그들은 차를 한 대 가지고 있다. 그들의 차는 새것이다.)

13 첫 번째 빈칸에는 주격(그들은), 두 번째 빈칸에는 소유격(그들의), 세 번째 빈칸에는 목적격(그들을) 대명사가 들어가야 해요.

14 '이것'은 this, '저것'은 that, '이것들'은 these, '저것들'은 those입니다.

15 ⑴ parents를 대신하는 '그들의'라는 뜻의 대명사는 their입니다.

⑵ children의 소유격은 children's로 나타냅니다.

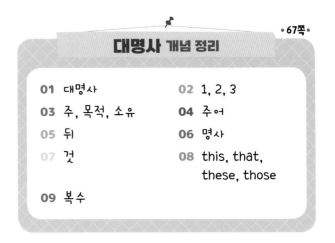

•67쪽•

대명사 개념 정리

01 대명사	**02** 1, 2, 3
03 주, 목적, 소유	**04** 주어
05 뒤	**06** 명사
07 것	**08** this, that, these, those
09 복수	

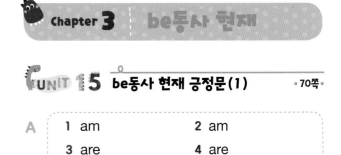

Chapter 3 be동사 현재

UNIT 15 be동사 현재 긍정문 (1)

•70쪽•

A

1 am	**2** am
3 are	**4** are

I에는 am, you에는 are를 쓴다는 것을 잘 기억하세요.

B

1 You're healthy.

2 I'm a dancer.

3 You're at the park.

I am은 I'm으로, you are는 you're로 줄여 쓸 수 있어요.

C

1 있다   2 ~이다

3 ~이다   4 있다

be동사는 '~이다' 또는 '~에 있다'라는 뜻입니다.

1 그녀는 집에 있다.

2 그 애는 내 딸이다.

3 그것은 쉽다.

4 그는 학교에 있다.

D

1 is   2 It's 또는 It is

3 She's 또는 She is

1 he에는 is를 써야 합니다.

2 it is의 줄임말은 it's입니다. '그것의'라는 뜻의 소유격 대명사 its와 혼동하지 않도록 주의하세요.

3 she is의 올바른 줄임말은 she's입니다. i를 빼야 해요.

UNIT 16 be동사 현재 긍정문(2) •72쪽•

A

1 are   2 are

3 are   4 are

주어가 we, you, they일 때 be동사는 are가 옵니다.

B

1 are   2 is

3 are

1 그들은 프랑스에 있다.

2 그녀는 예술가이다.

3 너희들은 십대이다.

C

1 is   2 are

3 are   4 are

1 주어가 단수 명사이면 be동사로 is를 씁니다.

2-4 주어가 복수 명사이면 be동사로 are를 씁니다.

D

1 is   2 are

3 is

주어가 단수 명사이면 be동사로 is를 쓰고, 복수이면 are를 쓴다는 것을 꼭 기억하세요.

MINI REVIEW Units 15-16 •74쪽•

A

1 ~이다   2 있다

3 ~이다   4 있다

be동사는 '~이다' 또는 '~에 있다'라는 뜻입니다. 문장을 해석해 보면 무슨 뜻으로 쓰였는지 알 수 있어요.

B

1 are   2 is

3 is   4 are

주어가 단수 명사이면 be동사로 is를 쓰고, 복수이면 are를 씁니다.

C

1 He is in the bedroom.

2 I am very hungry. 또는 I'm very hungry.

3 My parents are doctors.

1 주어가 he이므로 are를 is로 고칩니다.

2 I am은 I'm으로 줄여 써야 해요.

3 주어가 복수 명사인 my parents이므로 be동사는 are를 씁니다.

D

1 My grandparents are healthy.

2 I am at home.

3 She is my son's teacher.

4 My brother is in Brazil.

5 We are busy now.

1 나의 조부모님은 건강하시다.

2 나는 집에 있다.

3 그녀는 내 아들의 선생님이다.

4 내 형은 브라질에 있다.

5 우리는 지금 바쁘다.

E
1	are	2	is
3	are	4	are
5	is

나는 네 명의 친구가 있다. 우리는 학교에서 같은 반에 있다. 수지는 한국인이다. 그 애는 아주 똑똑하다. 안(Anh)과 치(Chi)는 베트남에서 왔다. 그들은 쌍둥이다. 하루토(Haruto)는 일본인이다. 그는 아주 친절하다. 나는 내 친구들을 사랑한다.

UNIT 17 be동사 현재 부정문 • 76쪽 •

A
1 He is not young.
2 It is a cat.
3 They are Korean.
4 I am not in the taxi.

B
| 1 | is not | 2 | is not |
| 3 | not | 4 | are not |

각 주어에 따른 알맞은 be동사를 잘 기억하세요. be동사의 부정문은 'be동사+not'의 형태로 씁니다. 2번이나 4번처럼 be동사 앞에 not을 쓰면 안 돼요.

C
| 1 | isn't | 2 | aren't |
| 3 | isn't | 4 | aren't |

is not은 isn't로, are not은 aren't로 줄여 써요.

D
1 He isn't 또는 He's not
2 It isn't 또는 It's not
3 They aren't 또는 They're not

be동사 부정문을 줄여 쓸 때 'be동사+not'을 줄여 써도 되지만 '주어+be동사'를 줄여 쓸 수도 있어요.

UNIT 18 be동사 현재 의문문: 묻기 • 78쪽 •

A
1	Is he	2	Are you
3	Is	4	Is she
5	Is	6	Is the cat

be동사 의문문에서는 be동사가 주어 앞에 나와야 하는 것에 주의하세요.

B
1 Is she happy?
2 Is your aunt in Paris?
3 Are you from America?

be동사 의문문은 주어와 동사의 위치를 바꾸어야 합니다. 각 주어에 따른 알맞은 be동사를 잘 기억하세요.

C
| 1 | Are | 2 | Is |
| 3 | Are | 4 | Are |

각 주어에 따른 알맞은 be동사를 잘 기억하세요. 주어가 복수일 때는 무조건 be동사는 are를 쓰면 됩니다.

D
| 1 | Are | 2 | Is |
| 3 | OK |

1 Marie and Helen은 복수인 주어이므로 be동사는 are를 써야 해요.
2 주어가 it이니까 be동사는 is를 써야 해요.
3 주어가 those people로 복수이니까 be동사는 are가 맞아요.

UNIT 19 be동사 현재 의문문: 답하기 • 80쪽 •

A
1	b	2	d
3	a	4	c
5	e

be동사 의문문에 관한 긍정의 대답은 'Yes, 주어+be동사.'로 합니다.

B
| 1 | am | 2 | is |
| 3 | they are |

3 의문문에서 주어가 명사일 때, 대답에서는 명사를 대명사로 대신해요.

C
| 1 | No, I'm not. | 2 | No, she isn't. |

D　1　they aren't 또는 they're not

　　2　it isn't 또는 it's not

　　3　you aren't 또는 you're not

　　4　he isn't 또는 he's not

be동사 의문문에 관한 긍정의 대답은 'Yes, 주어+be동사'로 합니다. 부정의 대답은 'No, 주어+be동사+not'으로 합니다. Yes와 No에 맞게 대답을 완성하세요.

MINI REVIEW　Units **17-19**　•82쪽•

A　1　She is not tired.

　　2　We are not at the park.

　　3　They are not in Busan.

　　4　I am not an actor.

　　5　His eyes are not brown.

　　6　Her name is not Sarah.

be동사의 부정문은 'be동사+not'의 형태로 씁니다.

B　1　I am not a good student.
　　　　(I'm not a good student.도 가능)

　　2　Is Serena a tennis player?

　　3　His children are not polite.
　　　　(His children aren't polite.도 가능)

　　4　The book is on the floor.

　　5　You are a superhero.

　　6　Are they from Brazil?

be동사의 부정문은 'be동사+not'의 형태로 씁니다. be동사 의문문은 주어와 동사의 위치를 바꾸어야 합니다.

C　1　My cousin is a famous singer.

　　2　He is not smart.

　　3　Are Brian and Ally dancers?

1 각 주어에 따른 알맞은 be동사를 잘 기억하세요. my cousin은 단수 명사이므로 be동사 is가 와야 해요.

2 be동사의 부정문은 'be동사+not'의 형태로 씁니다.

3 Brian and Ally는 복수이므로 be동사는 are가 되어야 합니다.

D　1　Yes, it is.

　　2　No, they aren't. 또는 No, they're not.

be동사 의문문에 대한 긍정 대답은 'Yes, 주어+be동사.'로 합니다. 부정 대답은 'No, 주어+be동사+not.'으로 합니다. 의문문의 주어가 명사일 경우, 대답에서는 대명사로 바꾸어 줍니다.

E　1　am　　　　　2　I'm

　　3　is　　　　　4　Is she

　　5　isn't　　　　6　Are

　　7　they are

맨디:　만나서 반가워! 나는 맨디야.

제시카:　만나서 반가워! 난 제시카야. 얘는 내 동생 엘렌이야.

맨디:　그 애는 초등학생이니?

제시카:　아니야. 겨우 6살이야.

맨디:　얘네들은 네 개들이니?

제시카:　응, 맞아.

CHAPTER REVIEW　•84쪽•

01 ⑤	02 ② ④ ⑤	03 ①
04 ②	05 ③	06 ③
07 ⑤	08 ④	09 ④ ⑤
10 ④	11 ②	

12 (1) are　(2) is　(3) are　(4) is　(5) are

13 (1) I am not a big fan of Allison.
　　(I'm not a big fan of Allison.도 가능)

　(2) The news is not surprising.
　　(The news isn't surprising.도 가능)

14 Is that a monkey

15 Yes, he is.

01 be동사가 is이므로 주어는 대명사일 경우 he, she, it이 될 수 있고, 명사일 경우에는 단수여야 해요. ⑤ Harry and Jack은 복수 명사이므로 be동사는 are가 와야 해요.

02 주어가 The children으로 복수 명사이니 be동사는 are가 와야 하는데, 긍정문이면 are, 부정문이면 are not을 쓰면 돼요. are not은 줄여서 aren't로 쓸 수 있어요.

03 ① 주어가 your uncle로 단수 명사이므로 be동사는 is가 와야 해요. (→ Is your uncle a taxi driver?)

① 너희 삼촌은 택시 운전사이셔? ② 그의 개는 다섯 살이야? ③ 그 학생들은 베트남에서 왔어? ④ 제스는 호주 사람이야? ⑤ 너희 학교는 커?

04 첫 번째 문장에서는 주어가 your plan으로 단수 명사이므로 be동사는 is가 와야 하고, 두 번째 문장에서는 주어가 Jimin and Gyuho로 복수 명사이므로 are가 와야 해요.

- 너의 계획은 좋다.
- 지민이와 규호는 제일 친한 친구이다.

05 문맥을 고려할 때 긍정문이어야 하고, 주어가 복수이므로 be 동사는 are가 알맞아요. (내 새 반 친구들은 좋지만 나는 예전 친구들이 그립다.)

06 be동사의 부정문은 'be동사+not'의 형태로 씁니다. (그의 학교는 도시에 있지 않다.)

07 ⑤만 주어가 복수라서 are가 들어가고, 나머지는 is가 들어가야 해요.

08 주어가 Kate and I로 복수이고, 같은 반이 아니라고 했으므로 are not(= aren't)을 써야 합니다.

09 ④ 주어가 단수 명사이므로 isn't가 와야 합니다. (→ Their house isn't in Seoul.)

⑤ 주어가 복수이므로 are가 와야 합니다. (→ Your brother and I are good friends.)

① 그 여자는 슬프지 않다. ② 그 남자는 피곤하지 않다. ③ 내 방은 깨끗하다. ④ 그들의 집은 서울에 있지 않다. ⑤ 너희 형과 나는 좋은 친구이다.

10 B가 A에게 13살이냐고 물었는데 A가 14살이라고 답했으므로, 부정의 대답인 'No, I'm not.'이 알맞아요.

A: 나는 지은이야. 난 한국에서 왔어.
B: 너 13살이야?
A: 아니야. 난 14살이야.

11 B가 '응, 맞아. 오늘이 우리 학교에서 그의 첫날이야.'라고 답했으므로 질문 ② '그는 새로 온 학생이니?'에 대한 대답으로 자연스러워요.

A: 그는 새로 온 학생이니?
B: 응, 맞아. 오늘이 우리 학교에서 그의 첫날이야.

12 각 주어에 따른 알맞은 be동사를 잘 기억하세요.

(1) 너는 훌륭한 가수이다. (2) 그 애의 언니는 키가 크다. (3) 그 책들은 탁자 위에 있다. (4) 오늘은 날씨가 춥다. (5) 내 사촌들은 중학생이다.

13 be동사의 부정문은 'be동사+not'의 형태로 씁니다.

(1) 나는 앨리슨의 열성 팬이 아니다. (나는 앨리슨을 그다지 좋아하지 않는다는 뜻) (2) 그 소식은 놀랍지 않다.

14 be동사 의문문은 주어와 동사의 위치를 바꾸어 줘야 합니다.

15 '그 남자아이는 오늘 아프니?'라고 물었는데 그림에서 아픈 것으로 나오므로 긍정의 대답이 와야 해요. 이때 대답에서는 주어인 the boy를 대명사인 he로 바꾸어야 해요.

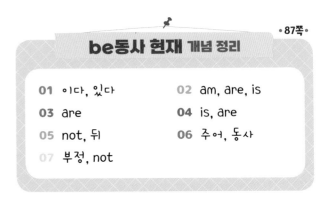

be동사 현재 개념 정리 · 87쪽 ·

01 이다, 있다	**02** am, are, is
03 are	**04** is, are
05 not, 뒤	**06** 주어, 동사
07 부정, not	

Chapter **4** 일반동사 현재

UNIT 20 일반동사 현재 긍정문 (1) · 90쪽 ·

A
1 play, 한다 2 go, 간다
3 like, 좋아한다

동사는 일반적으로 주어 뒤에 나와요.

B
1 fly 2 swim
3 watch 4 work

be동사와 일반동사를 같이 쓰면 안 돼요.

C
1 loves 2 sings
3 cook 4 eats

주어가 3인칭 단수이면 현재 시제 일반동사에 -s를 붙입니다. 3번은 주어가 I로, 3인칭 단수가 아니니까 동사원형 cook 그대로 씁니다.

D

1 want 2 cleans

3 OK

주어가 3인칭 단수이면 현재 시제 일반동사에 -s를 붙입니다. 2, 3번은 주어가 3인칭 단수이고 1번은 3인칭 단수가 아니에요.

UNIT 21 일반동사 현재 긍정문(2) • 92쪽 •

A

1 catches 2 teaches

3 washes 4 goes

주어가 3인칭 단수이고 일반동사가 s, sh, ch, x, o로 끝나면 현재 시제일 때 동사 뒤에 -es를 붙입니다.

B

1 watches 2 fixes

3 does

C

1 studies 2 cries

3 flies 4 has

1-3 주어가 3인칭 단수이고 일반동사가 '자음+y'로 끝나면 y를 i로 고치고 -es를 붙입니다.

4 have는 불규칙하게 has로 변합니다.

D

1 likes 2 study

3 cries

1 주어가 he로 3인칭 단수이므로 likes로 바꿉니다.

2 주어가 they로 3인칭 복수이므로 study로 바꿉니다.

3 주어가 my baby sister로 3인칭 단수이고, 동사가 '자음+y'로 끝나므로 cries로 바꿉니다.

MINI REVIEW Units 20-21 • 94쪽 •

A

1 runs 2 studies

3 play 4 flies

주어가 3인칭 단수일 때 현재 시제 일반동사에 -s 또는 -es를 붙이는 규칙을 잘 기억하세요. 3번은 주어가 the children으로 3인칭 단수가 아니에요.

B

1 misses 2 reads

3 sells 4 washes

5 play

주어가 3인칭 단수일 때 현재 시제 일반동사에 -s 또는 -es를 붙이는 규칙을 잘 기억하세요. 5번은 주어가 3인칭 단수가 아니므로 그대로 동사원형을 써요.

C

1 has 2 cries

3 swim

1번과 2번은 주어가 3인칭 단수이고, 3번은 주어가 Jack and I로 3인칭 단수가 아니에요.

D

1 The boy rides his bike every day.

2 My sister plays baseball with her friends.

3 My mom bakes bread for me.

E

1 have 2 swims

3 goes 4 likes

5 studies 6 enjoy

1 주어가 I이므로 동사원형 그대로 씁니다.

2-5 주어가 3인칭 단수이므로 일반동사에 -s 또는 -es를 붙입니다. 5번의 study는 y를 i로 바꾸고 -es를 붙여요.

6 주어가 we이므로 동사원형 그대로 씁니다.

나는 여자 형제가 셋 있다. 그들은 제인, 앨리, 신디이다. 제인은 매일 아침 수영장에서 수영한다. 앨리는 매일 오후에 피아노 레슨에 간다. 신디는 수학을 좋아한다. 그 애는 열심히 공부한다. 우리는 모두 학교를 좋아한다.

UNIT 22 일반동사 현재 부정문 • 96쪽 •

A

1 긍정 2 부정

3 긍정 4 부정

5 부정

일반동사의 부정문은 '～하지 않다' 또는 '안 ～하다' 라는 뜻의 문장이에요.

B

| 1 don't go | 2 work |
| 3 like | 4 don't have |

주어가 3인칭 단수가 아닌 경우 일반 동사의 부정문을 만들 때 동사원형 앞에 don't를 추가합니다.

C

| 1 like | 2 doesn't |

1 doesn't 뒤에는 동사원형을 써야 해요.

2 주어가 3인칭 단수이므로 doesn't가 맞아요.

D

1 doesn't	2 doesn't
3 fly	4 do
5 have	

1 주어가 3인칭 단수이므로 don't가 아니라 doesn't를 써야 해요.

2 doesn't에서 '(어퍼스트로피)를 빼먹지 않도록 주의하세요.

3-5 일반동사 부정문에서 doesn't 뒤에는 동사원형이 와야 해요.

UNIT 23 일반동사 현재 의문문: 묻기 •98쪽•

A

| 1 Do they watch | 2 Do you listen |
| 3 Do the boys play | |

주어가 3인칭 단수가 아닌 경우 일반 동사의 의문문을 만들 때 주어 앞에 Do를 추가합니다.

B

1 Do they like fruit

2 Do you wear glasses

3 Do the students speak English

4 Do they have sisters

5 Do John and Kelly walk to school

C

| 1 Does | 2 Do |
| 3 Does | 4 eat |

1, 3, 4번은 주어가 3인칭 단수이므로 의문문을 만들 때 Does를 써요. 2번은 주어가 3인칭 단수가 아니므로 Do를 써요. 4번에서 뒤의 동사 eat는 동사원형으로 써야 해요.

D

1 speak	2 like
3 Does	4 have
5 drive	

1-2 일반동사 의문문에서 뒤의 동사는 반드시 동사원형으로 써요.

3 주어가 3인칭 단수인 경우 Do가 아니라 Does를 써야 해요.

4-5 일반동사 의문문에서 뒤의 동사는 반드시 동사원형으로 써요.

UNIT 24 일반동사 현재 의문문: 답하기 •100쪽•

A

1 b	2 c
3 d	4 e
5 a	

주어를 비교해 보면 어울리는 질문과 대답을 찾을 수 있어요.

B

| 1 do | 2 does |
| 3 does | |

일반동사 의문문에 대한 긍정의 대답은 'Yes, 주어+do/does.'로 합니다.

C

| 1 Yes, she does. | 2 No, they don't. |

일반동사 의문문에 대한 긍정의 대답은 'Yes, 주어+do/does.'로, 부정의 대답은 'No, 주어+don't/doesn't.'로 합니다.

D

1 doesn't	2 don't
3 does	4 they
5 No	

1 No로 시작하는 부정의 대답이므로 doesn't를 써요.

2 일반동사 의문문에 대한 대답이니까 don't를 써야 해요. aren't는 be동사일 때 써요.

3 Yes로 시작하는 긍정의 대답이므로 does를 써요.

4 주어가 명사(Chris and Ben)일 때 대답에서는 대명사로 바꾸어야 해요.

5 뒤에 don't가 나오므로 부정의 대답 No가 되어야 해요.

A

| 1 Do | 2 Does |
| 3 Does | 4 Do |

주어가 3인칭 단수가 아닌 경우 일반동사의 의문문을 만들 때 주어 앞에 Do를 추가합니다. 주어가 3인칭 단수인 경우 Does를 추가합니다.

B

1 She doesn't like card games.

2 Mina and Junho don't go to school by bus.

3 My brother washes his hands.

4 I like hamburgers.

5 Do they go to the museum?

6 Does she live in Italy?

주어가 3인칭 단수일 경우와 아닐 경우의 차이에 주의해서 문장을 써 보세요.

C

1 He doesn't like horror movies.

2 Do they bake bread?

3 My sister doesn't brush her teeth.

1 3인칭 단수 주어일 때 일반동사 현재 부정문의 어순은 '주어+doesn't+동사원형'이에요.

2 주어가 3인칭 단수가 아니므로 Does가 아니라 Do가 되어야 해요.

3 주어가 3인칭 단수인 부정문에서 doesn't 뒤에는 동사원형이 와야 해요.

D

1 Yes, he does.

2 Yes, they do.

3 No, she doesn't.

일반동사 의문문에 대한 긍정의 대답은 'Yes, 주어+do/does.'로, 부정의 대답은 'No, 주어+don't/doesn't.'로 합니다.

E

1 don't	2 Does
3 she	4 doesn't
5 Do	6 do

A: 커피 드시겠어요?

B: 아뇨, 됐어요. 오렌지 주스를 먹고 싶어요.

A: 여기 있습니다. 따님은요? 따님도 오렌지 주스를 원하나요?

B: 아뇨, 아니에요. 얘는 주스를 안 좋아해요. 얘는 콜라를 좋아해요. 콜라 있으세요?

A: 네, 있어요. 여기 있습니다!

CHAPTER REVIEW •104쪽•

01 ④	02 ①	03 ③
04 ①	05 ②	06 ① ⑤
07 ③	08 ①	09 ②
10 ④		

11 (1) doesn't (2) don't (3) don't

(4) Does (5) Does

12 teaches

13 (1) She goes to bed early.

(2) She doesn't go to bed early.

14 (1) gets up (2) doesn't have

(3) Woojin plays

01 주어가 3인칭 단수이므로 일반동사에 -s나 -es가 붙어야 해요. 따라서 들어갈 수 있는 것은 ④ runs뿐이에요.

02 ① 주어가 3인칭 단수일 때 watch처럼 ch로 끝나는 동사에는 -es를 붙여요. ② → plays ③ → studies ④ → goes ⑤ → fixes

① 케빈은 저녁에 텔레비전을 본다. ② 누나는 핸드폰으로 게임을 한다. ③ 맨디는 월요일마다 영어를 공부한다. ④ 그는 지하철로 학교에 간다. ⑤ 카일은 그의 자전거를 고친다.

03 ① not → don't ② don't → doesn't ④ cooks → cook ⑤ eat don't → don't eat

① 나는 과일을 좋아하지 않는다. ② 그는 돈을 갖고 있지 않다. ③ 그들은 토요일에 학교에 가지 않는다. ④ 그 여자는 주말에 요리하지 않는다. ⑤ 켈리와 조쉬는 생선을 먹지 않는다.

04 ① 일반동사 부정문에서 주어가 3인칭 단수일 때, doesn't 뒤에는 동사원형이 와야 합니다. (speaks → speak)

① 그 여자는 중국어를 하지 않는다. ② 나는 그것을 믿지 않는다. ③ 그는 그 여자를 모른다. ④ 너는 야채를 많이 먹지 않는다. ⑤ 그들은 아이들이 없다.

05 ②는 주어가 3인칭 단수(Sally)이므로 빈칸에 Does가 들어가야 하고, 나머지는 주어가 3인칭 단수가 아니므로 Do가 들어가야 해요.

① 너는 파스타를 좋아하니? ② 샐리는 한국어를 하니? ③ 맥스와 댄은 축구를 하니? ④ 동물들은 꿈을 꾸니? ⑤ 네 사촌들은 미국에 사니?

06 ② 주어가 3인칭 단수(your father)이므로 Do 대신 Does를 써야 해요. (→ Does your father drive to work?) ③ 주어가 3인칭 단수인 일반동사 의문문에서 주어 뒤에 나오는 동사는 동사원형으로 써야 해요. (→ Does she play the violin?) ④ 주어가 복수 명사(the students)이므로 Does 대신 Do를 써야 해요. (→ Do the students wear uniforms?)

① 재스민은 일찍 일어나니? ② 너희 아버지는 운전해서 출근하시니? ③ 그 애는 바이올린을 연주하니? ④ 그 학생들은 교복을 입니? ⑤ 브라이언과 조지는 한국 음식을 좋아하니?

07 ③ Do you ~?로 물어보았으므로 대답에서 you do가 아니라 I do가 자연스러워요. (→ Yes, I do.)

① A: 너는 개를 키우니? B: 응, 키워. ② A: 너희 삼촌은 여기 사시니? B: 아니야. ③ A: 너는 지금 전화기를 가지고 있니? B: 응, 그래. ④ A: 그 아이들은 학교를 좋아하니? B: 아니, 안 좋아해. ⑤ A: 그는 야구를 하니? B: 응, 해.

08 (가)는 Do you ~?로 물어보았으므로 Yes, I do.로 답하는 것이 알맞고, (나)도 역시 Do you ~?로 물었는데 부정의 대답이므로 No, I don't.가 들어가야 합니다.

A: 너는 서울에 사니?
B: 응, 그래.
A: 너는 조부모님과 함께 사니?
B: 아니야. 하지만 나는 주말에 그분들을 찾아봬.

09 ② 주어가 3인칭 단수일 때 wash처럼 sh로 끝나는 동사에는 -es를 붙여요. ① watchs → watches ③ plaies → plays ④ dos → does ⑤ haves → has

10 일반동사의 부정문을 만들 때 주어가 3인칭 단수인 경우 does not (= doesn't)을 추가합니다. 그런데 이때 doesn't 뒤의 동사는 동사원형으로 써야 해요. (지호는 시험을 위해 열심히 공부하지 않는다.)

11 일반동사 현재 부정문과 의문문에서 주어가 3인칭 단수일 때는 do 대신 does를 써야 해요.

(1) 그 여자는 집에 일찍 오지 않는다. (2) 나는 차가 없다. (3) 그들은 너의 이름을 모른다. (4) 그 애는 복통이 있니? (5) 톰은 집에서 빵을 굽니?

12 '김 선생님은 영어 선생님이다.'라는 말은 '김 선생님은 영어를 가르치신다.'로 바꿔 표현할 수 있죠. 주어가 3인칭 단수이므로 teach에 -es를 붙입니다.

13 (1) 주어가 3인칭 단수일 때 일반동사 현재형에 -s 또는 -es를 붙이는 규칙을 잘 기억하세요. go에는 -es를 붙여요.

(2) 주어가 3인칭 단수일 때 일반동사의 부정문은 동사원형 앞에 doesn't를 추가합니다.

14 표에 따르면 일찍 일어나는 것은 지수이고, 아침을 먹지 않는 것은 우진이고, 농구를 하는 것도 우진이에요.

(1) 지수는 아침에 일찍 일어난다. (2) 우진이는 아침을 먹지 않는다. (3) 우진이는 농구를 한다.

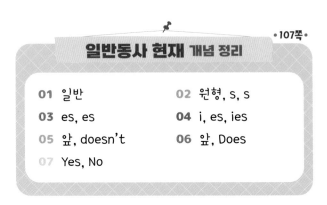

•107쪽•

일반동사 현재 개념 정리

01 일반   **02** 원형, s, s
03 es, es   **04** i, es, ies
05 앞, doesn't **06** 앞, Does
07 Yes, No

Chapter 5   현재 진행형

UNIT 25 현재 진행형의 개념

•110쪽•

A
1 나는 공부하는 중이다.
2 유빈이는 노래하고 있다.

현재 진행형은 지금 진행 중인 일을 나타내요. 우리말 해석은 '~하는 중이다' 또는 '~하고 있다'로 해요.

B
1 is   2 are
3 am   4 are
5 are

현재 진행형의 형태는 'be동사+동사-ing'입니다. 이때 be동사는 주어에 따라 달라져요.

C
1 평소에 기타를 침
2 지금 책을 읽고 있음

단순 현재는 보통 꾸준한 행동(습관, 반복)을 말할 때 사용하고, 현재 진행형은 말하는 시점에 딱 하고 있는 행동을 말할 때 사용해요.

D
1 is washing   2 is playing
3 runs   4 am walking
5 plays

1, 2, 4번처럼 '～하는 중이다' 또는 '～하고 있다'라고 말할 때는 현재 진행형을 쓰고, 3, 5번처럼 평소 습관이나 반복되는 일을 말할 때는 단순 현재를 써요.

UNIT 26 '동사 -ing' 형태 만드는 방법 • 112쪽•

A
1 sleeping   2 drinking
3 going   4 reading
5 studying   6 eating
7 doing   8 listening
9 playing   10 watching

대부분의 동사는 동사원형에 그냥 -ing를 붙이면 됩니다.

B
1 doing   2 sending
3 playing

C
1 dying   2 lying
3 running   4 sitting
5 getting   6 taking
7 making   8 swimming
9 having   10 riding

동사가 e로 끝나면 e를 빼고 -ing를 붙입니다. 동사가 ie로 끝나면 ie를 y로 바꾸고 -ing를 붙입니다. 동사가 '단모음+단자음'으로 끝나면 마지막 자음을 한 번 더 쓰고 -ing를 붙입니다.

D
1 winning   2 driving
3 running

UNIT 27 현재 진행형 부정문 • 114쪽•

A
1 is not drinking
2 are not sleeping
3 am not washing
4 are not talking
5 are not having
6 is not playing

1 잭은 우유를 마시고 있지 않다.
2 너는 자는 중이 아니다.
3 나는 세차하는 중이 아니다.
4 그 학생들은 이야기하는 중이 아니다.
5 그들은 점심을 먹는 중이 아니다.
6 캐시는 피아노를 치고 있지 않다.

B
1 The train is ✓arriving.
2 She is ✓using the Internet.
3 Tom is ✓studying math.

현재 진행형의 부정문에서 not은 be동사와 '동사-ing' 사이에 들어갑니다.
1 기차가 도착하고 있지 않다.
2 그 여자는 인터넷을 사용하는 중이 아니다.
3 톰은 수학을 공부하는 중이 아니다.

C
1 He's crying   2 She's writing
3 isn't smiling   4 isn't walking

현재 진행형을 쓸 때 보통 '주어+be동사'의 줄임말을 씁니다. 부정문에서는 'be동사+not'의 줄임말을 써도 됩니다.

D
1 I'm packing for a trip.
2 They aren't wearing uniforms.
3 Alex isn't playing with a ball.

1 나는 여행을 위해 짐을 싸는 중이다.
2 그들은 유니폼을 입고 있지 않다.
3 알렉스는 공을 가지고 노는 중이 아니다.

A
1 평소	2 평소
3 지금	4 지금

단순 현재 시제는 '평소'에 하는 것을 나타내고, 현재 진행형은 '지금' 하는 중인 것을 나타내요.

B
1 I write Christmas cards.
2 She drinks coke.
3 Sarah and Josh are not dating.
4 Ben is studying at a café.
5 My grandmother is not reading the newspaper.

1 나는 크리스마스 카드를 쓰는 중이다. → 나는 크리스마스 카드를 쓴다.
2 그 애는 콜라를 마시는 중이다. → 그 애는 콜라를 마신다.
3 새러와 조쉬는 데이트하는 중이다. → 새러와 조쉬는 데이트하는 중이 아니다.
4 벤은 카페에서 공부한다. → 벤은 카페에서 공부하는 중이다.
5 할머니는 신문을 읽으신다. → 할머니는 신문을 읽으시는 중이 아니다.

C
1 lieing → He is lying on the bed.
2 makeing → Rose is making dinner.
3 siting → I am sitting in the chair.

1 동사가 ie로 끝나면 ie를 y로 바꾸고 -ing를 붙입니다.
2 동사가 e로 끝나면 e를 빼고 -ing를 붙입니다.
3 동사가 '단모음+단자음'으로 끝나면 마지막 자음을 한번 더 쓰고 -ing를 붙입니다.

D
1 He is not playing soccer.
2 I'm not reading your diary.
3 He is not driving his car.
4 They are going to the zoo.

1 그는 축구를 하고 있지 않다.
2 나는 너의 일기장을 읽고 있지 않다.
3 그는 자기 차를 운전하고 있지 않다.
4 그들은 동물원에 가고 있다.

E
1 riding	2 wearing
3 swimming	4 are falling
5 holding	6 is smiling

이것들은 내가 아끼는 사진들이다. 첫 번째 사진에서 나는 자전거를 타고 있다. 나는 헬멧을 쓰고 있다. 두 번째 사진에서 나는 바다에서 수영하고 있다. 세 번째 사진에서 나는 공원에 있다. 나뭇잎들이 나무에서 떨어지고 있다. 마지막 사진에서 나는 눈사람의 손을 잡고 있다. 눈사람은 웃고 있다.

UNIT 28 현재 진행형 의문문: 묻기 • 118쪽 •

A
1 Is he wearing
2 Are you drinking
3 Is she holding
4 Is he smiling
5 Are they making

현재 진행형 의문문은 'be동사+주어+동사-ing ~?'의 형태입니다.

B
1 Are you	2 Is
3 listening	

C
1 Are the girls	2 Is
3 Are	4 Are
5 Is	

현재 진행형 의문문을 만들기 위해, 주어가 명사일 때도 대명사일 때와 마찬가지로 주어와 be동사의 자리를 바꾸면 됩니다.

D
1 Are the dogs	2 lying
3 Are	

1 현재 진행형 의문문에서는 be동사가 주어 앞에 나와요.
2 현재 진행형이므로 동사원형 lie가 아니라 '동사-ing' 형태인 lying을 써야 해요.
3 현재 진행형 의문문에는 Do/Does가 아니라 be동사를 써요.

A
1 d
2 a
3 c
4 b
5 e

현재 진행형 의문문에 대한 긍정의 대답은 'Yes, 주어+be 동사.'로 하면 됩니다. 질문과 대답의 주어를 비교해서 짝지으세요.

B
1 is
2 they
3 she

2-3 질문에서 주어가 명사일 때, 대답에서는 명사를 대명사로 바꾸어 줍니다.

C
1 No, it isn't.
2 No, they aren't.

현재 진행형 의문문에 대한 부정의 대답은 'No, 주어+be동사+not.'으로 해요. 이때 보통 줄임말을 사용해요.

D
1 they
2 he
3 I'm not
4 is
5 isn't

1-2 의문문의 주어가 명사일 때 대답에서는 명사를 대명사로 바꾸어 줍니다.
3 Are you ~?로 물어보면 I am ~으로 답합니다.
4 대답이 Yes로 시작하므로 긍정의 답을 해야 합니다.
5 현재 진행형에서는 doesn't가 아니라 isn't를 씁니다.

MINI REVIEW Units 28-29 •122쪽•

A
1 climbing
2 Is
3 holding
4 Is

현재 진행형 의문문은 'be동사+주어+동사-ing ~?'의 형태입니다.
1 그 원숭이는 나무를 오르고 있니?
2 그 여자는 첼로를 연주하고 있니?
3 그는 상자를 들고 있니?
4 그는 한국어를 배우고 있니?

B
1 Michael is not running on the track. (Michael isn't running on the track.도 가능)
2 Is she playing a board game with her friends?
3 The patient is not dying. (The patient isn't dying.도 가능)
4 Is the bird flying in the sky?
5 My grandmother is not knitting a sweater. (My grandmother isn't knitting a sweater.도 가능)

현재 진행형 부정문은 'be동사+not+동사-ing' 형태로 합니다. 현재 진행형 의문문은 주어와 be동사의 위치를 바꾸면 됩니다.
1 마이클은 트랙에서 달리고 있지 않다.
2 그 애는 친구들과 보드게임을 하는 중이니?
3 그 환자는 죽어 가고 있지 않다.
4 그 새는 하늘에서 날고 있니?
5 할머니는 스웨터를 뜨고 있지 않다.

C
1 Is she driving a car?
2 He is not opening the door.
3 Are they running a business?

1 drive가 동사원형으로 쓰인 것을 진행형에 맞게 '동사-ing' 형태로 바꾸어 줍니다.
2 현재 진행형 부정문은 not이 be동사 뒤에 와요.
3 주어가 they이므로 알맞은 be동사는 are입니다.

D
1 Yes, he is.
2 Yes, they are.
3 No, she isn't. 또는 No, she's not.

현재 진행형 의문문에 대한 긍정의 대답은 'Yes, 주어+be 동사.'로, 부정의 대답은 'No, 주어+be동사+not.'으로 해요. 이때 주어가 명사이면 대답에서는 대명사로 바꾸어 주세요.
1 네 오빠는 낮잠을 자고 있니?
2 그 새들은 지붕 위에 앉아 있니?
3 너희 엄마는 그 호텔에 머물고 계시니?

E
1 Yes, she is.
2 No, he isn't. 또는 No, he's not.
3 No, it isn't. 또는 No, it's not.

1 여자는 아이를 안고 있나요?
2 남자는 요리하고 있나요?
3 개는 뛰어다니고 있나요?

CHAPTER REVIEW · 124쪽 ·

01 ⑤	02 ④	03 ③
04 ④	05 ②	06 ①
07 ②	08 ⑤	09 ④
10 ②	11 ②	

12 We are looking at a duck family.
13 (1) is riding a bike, is reading a book
　　(2) is playing the guitar, is painting a picture
14 (1) Yes, he is.
　　(2) No, she isn't. 또는 No, she's not.

01 ⑤ '단모음+단자음'으로 끝나는 동사는 마지막 자음을 한 번 더 쓰고 -ing를 붙여요. (hiting → hitting)
① 그는 영어를 열심히 공부하고 있다. ② 나는 너에게 말하고 있어. ③ 그 개가 나에게 오고 있어. ④ 그들은 연을 날리고 있다. ⑤ 그 애는 공을 치고 있다.

02 현재 진행형은 'be동사 현재형+동사-ing'로 씁니다.
A: 아빠 어디 계세요?
B: 부엌에 계셔.
A: 요리하고 계세요?
B: 응, 그래. 저녁 차리고 계셔.

03 뭐 하는 중이냐고 물었으므로 지금 하고 있는 일을 현재 진행형으로 대답하는 것이 자연스러워요. ③ '나는 지금 행복해.'라는 대답은 적절하지 않아요.
① 나는 팝 음악을 듣는 중이야. ② 나는 가족과 낚시하는 중이야. ④ 나는 스마트폰 게임을 하는 중이야. ⑤ 나는 텔레비전에서 영화를 보는 중이야.

04 현재 진행형은 'be동사 현재형+동사-ing'로 씁니다. 주어가 she이므로 올바른 be동사 현재형은 is이고, take는 e로 끝나므로 e를 빼고 -ing를 붙여요.

05 그림에서 남자가 집을 청소하고 있으므로 '그는 집을 청소하는 중이다.'를 현재 진행형으로 올바르게 나타낸 것은 ②예요. ①은 are가 아니라 is가 되어야 하고, ③은 be동사가 빠졌고, ④는 clean에 -ing를 붙여야 해요. ⑤는 어법상으로는 올바르지만 내용과 맞지 않아요.

06 그림에서 남자가 차를 운전하고 있으므로 '그는 차를 운전하는 중이다.'를 현재 진행형으로 올바르게 나타낸 것은 ①이에요. ②는 driveing이 아니라 driving이 되어야 하고, ③, ④, ⑤ 모두 어법상 잘못된 문장이에요.

07 엄마가 설거지를 하고 있느냐고 물었는데 거실을 청소하고 있다고 했으므로 부정의 대답이 자연스러워요.
A: 너희 엄마는 지금 설거지하고 계시니?
B: 아뇨. 거실을 청소하고 계세요.

08 ① → raining ② → writing ③ → studying
④ → swimming
① 밖에 비가 오고 있다. ② 아빠는 편지를 쓰시는 중이다. ③ 케이트는 지금 과학을 공부하는 중이다. ④ 수미는 수영장에서 수영하는 중이다. ⑤ 그 아기는 큰 소리로 울고 있다.

09 현재 진행형 부정문은 'be동사+not+동사-ing'로 나타내요.

10 주어진 대답이 '아니야. 그는 텔레비전을 보는 중이야.'이므로 자연스러운 질문은 ② '그는 자기 방에서 공부하는 중이니?'예요. ①은 대답과 똑같이 텔레비전을 보는 중인지 물었으므로 부정의 대답이 어울리지 않죠. ③, ⑤는 주어가 달라서 정답이 될 수 없고, ④는 현재 진행형이 아니라 단순 현재 시제로 묻고 있어서 대답과 어울리지 않아요.
① 그는 텔레비전을 보는 중이니? ③ 네 여동생은 손을 씻는 중이니? ④ 그는 창문을 닦니? ⑤ 너는 숙제를 하는 중이니?

11 '너희 할아버지는 지금 음악을 듣고 계시니?'라고 물었는데, 그림에서 피아노를 치고 있으므로 No, he isn't.라고 부정의 대답을 하고 그 뒤에는 ② '할아버지는 피아노를 치고 계세요.'라고 설명하는 것이 자연스럽죠.

12 현재 진행형은 'be동사 현재형+동사-ing'로 씁니다. 주어가 we이므로 알맞은 be동사 형태는 are이고, look은 그대로 -ing만 붙이면 돼요. 7단어로 써야 하므로 줄임말을 쓰면 안 돼요. (우리는 오리 가족을 보고 있다.)

13 두 그림에서 각 인물이 하고 있는 것을 현재 진행형으로 나타내면 돼요.
(1) 첫 번째 그림에서, 남자아이는 자전거를 타는 중이고, 여자아이는 책을 읽는 중이다.
(2) 두 번째 그림에서, 남자아이는 기타를 치는 중이고, 여자아이는 그림을 그리는 중이다.

14 그림에서 남자아이는 컴퓨터를 사용하고 있으므로 (1)에는 긍정의 대답을 하고, 여자아이는 자고 있지 않고 책을 읽고 있으므로 (2)에는 부정의 대답을 해야겠죠.

현재 진행형 개념 정리

01 be, 중이다, 있다   **02** ing, doing
03 e, making   **04** y, lying
05 자음, swimming   **06** not, 주어, 동사
07 Yes, No, not

Chapter 6   형용사 · 부사

UNIT 30   형용사(1)

A
1 a pretty doll   2 a tall man
3 a difficult test   4 beautiful flowers

'관사+형용사+명사'의 패턴에 익숙해지도록 하세요. 4번은 명사가 복수라서 관사를 쓰지 않아요.

B
1 new   2 sweet
3 ugly   4 nice

명사 앞에서 명사를 꾸며 주는 형용사를 찾으세요.

C
1 old   2 short
3 angry   4 an old
5 big   6 good

자주 쓰이는 형용사의 뜻을 기억하세요. 반대되는 말끼리 짝지어 외우면 더 쉽게 외울 수 있어요.

D
1 bad   2 beautiful
3 a

3 형용사 앞에 관사가 나올 때, 형용사의 발음이 모음으로 시작하면 관사 an을 써요. 형용사 young은 발음이 모음으로 시작하지 않으니까 a를 써야 해요.

UNIT 31   형용사(2)

A
1 a teacher → 그는 선생님이다.
2 my new dress → 이것은 내 새 드레스이다.

보어는 명사나 대명사를 보충해 주는 말로, 보어 자리에는 명사 또는 형용사가 올 수 있어요. 2번의 my new dress처럼 '형용사+명사'가 합쳐진 경우에는 전체를 명사로 봐요.

B
1 명사   2 형용사
3 형용사   4 명사

명사와 형용사를 잘 구분하는 연습을 하세요.

C
1 happy   2 sad
3 angry   4 sleepy

happy, sad, angry, sleepy는 상태를 나타내는 형용사로, 이 문장들에서는 be동사 뒤에 나와 보어로 사용되었어요.

D
1 The weather is cold.
2 This box is heavy.
3 This music is nice.
4 The potato is hot.
5 They are busy.

'주어+be동사+형용사'의 순서로 문장을 만드세요.

UNIT 32   형용사(3)

A
1 sad, 너는 슬퍼 보인다.
2 nice, 이 노래는 좋게 들린다.

형용사 자리에 부사를 쓰지 않도록 조심하세요.

B
1 He looks kind.
2 Leo looks sick.
3 It sounds fun.
4 That sounds sad.

3 fun은 '재미있는'이라는 뜻의 형용사도 되고, '재미'라는 뜻의 명사도 되는 단어예요. 이 문장에서는 형용사로 쓰였어요.

C
  1 good, 이 과자들은 좋은 맛이 난다.
  2 bad, 이 셔츠는 나쁜 냄새가 난다.

D
  1 smells awful   2 tastes spicy
  3 smell sweet   4 tastes sour

'〜한 냄새가 나다'는 'smell+형용사'로, '〜한 맛이 나다'는 'taste+형용사'로 나타내요.

MINI REVIEW Units 30-32   •136쪽•

A
  1 small   2 short
  3 light   4 red

자주 쓰이는 형용사의 뜻을 잘 알아 두세요.

B
  1 The boy looks surprised.
  2 The music sounds bad.
  3 The tea tastes bitter.
  4 The flower smells good.

1 look+형용사: 〜해 보이다 (그 소년은 놀라 보인다.)
2 sound+형용사: 〜하게 들리다 (그 음악은 안 좋게 들린다.)
3 taste+형용사: 〜한 맛이 나다 (그 차는 쓴 맛이 난다.)
4 smell+형용사: 〜한 냄새가 나다 (그 꽃은 좋은 냄새가 난다.)

C
  1 happily → Nari looks happy.
  2 dog cute → Look at the cute dog!
  3 kindly → The teacher is smart and kind.

1 'look+형용사'(〜해 보이다)에서 형용사 자리에 부사를 쓰지 않도록 주의하세요.
2 형용사는 명사 앞에서 명사를 꾸며 줍니다.
3 be동사 뒤에 나오는 보어는 명사 또는 형용사여야 해요. kindly(친절하게)는 부사라서 올 수 없어요.

D
  1 Minzy looks sick today.
  2 This spaghetti tastes great.
  3 This math problem is easy.
  4 It is an interesting book.

1 민지는 오늘 아파 보인다.
2 이 스파게티는 훌륭한 맛이 난다.
3 이 수학 문제는 쉽다.
4 그것은 재미있는 책이다.

E
  1 sunny   2 fresh
  3 sweet   4 delicious

나는 시장에 있다. 날씨가 화창하다. 생선들은 신선해 보인다. 빵은 달콤한 냄새가 난다. 나는 그 빵을 사서 먹는다. 그것은 맛있다.

UNIT 33 부사(1)   •138쪽•

A
  1 그녀는 아름답게 춤춘다.
  2 그 도둑은 조용히 걷는다.

부사는 우리말로 할 때 주로 '〜하게', '〜히'로 해석되는 말이에요.

B
  1 slowly   2 sing
  3 vacation is over   4 catches
  5 good

1 부사 very는 다른 부사 slowly를 꾸며 줘요.
2 부사 happily는 동사 sing을 꾸며 줘요.
3 부사 sadly는 문장 전체를 꾸며 줘요.
4 부사 easily는 동사 catches를 꾸며 줘요.
5 부사 really는 형용사 good을 꾸며 줘요.

C
  1 happily   2 slowly
  3 carefully   4 kindly
  5 quietly   6 quickly
  7 easily   8 luckily

자주 쓰이는 부사의 뜻을 기억합시다. 1, 7, 8번에서처럼 -y로 끝나는 형용사는 y를 i로 바꾸고 -ly를 붙여요.

D
1 easily   2 Luckily
3 well   4 fast
5 hard

3 '잘'이라는 뜻의 부사는 well이에요.

4 fast(빠른)는 뒤에 -ly를 붙여서 부사를 만들지 않고, 부사도 똑같이 fast(빠르게)예요.

5 '열심히'라는 뜻의 부사는 hard예요. hardly는 '거의 ~ 않다'라는 뜻의 부사예요.

UNIT 34 부사(2)
•140쪽•

A
1 often   2 usually
3 always   4 always

빈도부사는 be동사가 쓰인 문장에서는 be동사 뒤에 오고, 일반동사가 쓰인 문장에서는 일반동사 앞에 와요.

4 be on your side: 너의 편이다

B
1 She ✓goes to school by bus.
2 You are ✓hungry!
3 My sister ✓helps me with my homework.
4 My grandmother is ✓kind to me.

빈도부사는 1번과 3번처럼 일반동사가 쓰인 문장에서는 동사 앞에 오고, 2번과 4번처럼 be동사가 쓰인 문장에서는 동사 뒤에 와요.

C
1 never   2 sometimes
3 never   4 sometimes

D
1 Ken never drinks coke.
2 Jenny sometimes goes to the movies. (Sometimes Jenny goes to the movies. 또는 Jenny goes to the movies sometimes.도 가능)
3 My mom is never late for work.

빈도부사는 be동사 뒤 또는 일반동사 앞에 와요. 단, sometimes는 문장 맨 앞이나 뒤에도 올 수 있어요.

MINI REVIEW Units 33-34 •142쪽•

A
1 well   2 sad
3 quietly   4 happily

1, 3, 4번에는 부사가 와야 하지만, 2번은 look 뒤에 형용사가 와야 해요.

B
1 often   2 never
3 Luckily   4 always
5 easily   6 usually

C
1 Jason drives fast.
2 He sometimes goes to the movies. (Sometimes he goes to the movies. 또는 He goes to the movies sometimes. 도 가능)
3 My sister never tells lies.

1 '빠르게'는 fastly가 아니라 fast예요. fast는 형용사와 부사의 형태가 같아요.

2-3 빈도부사는 일반동사 앞에 와요. 2번의 sometimes는 문장 맨 앞이나 뒤에도 올 수 있어요.

D
1 I sometimes watch TV.
2 He is never late for work.
3 She always speaks quietly.
4 My dog is usually hungry.

1 나는 가끔 텔레비전을 본다.
2 그는 절대 직장에 늦지 않는다.
3 그녀는 언제나 조용히 말한다.
4 내 개는 주로 배가 고프다.

E
1 always   2 usually
3 never

1 '주말에는 꼭' 독서를 한다고 했으므로 주말에는 '항상' 하는 것이니 always가 알맞아요.

2 '거의 매일'이라는 것은 '항상'은 아니지만 '대부분' 한다는 것이므로 usually가 알맞아요.

3 축구는 전혀 하지 않는다고 했으므로 never가 알맞아요.

01 ①　　**02** ②　　**03** ④

04 ⑤　　**05** ①　　**06** ② ⑤

07 ③　　**08** ① ②　　**09** ②

10 ①　　**11** ①　　**12** ② ⑤

13 (1) old　(2) cute　(3) amazing　(4) large

14 (1) usually　(2) sometimes　(3) often

15 (1) My father is sometimes strict with me.
(또는 Sometimes my father is strict with me. / My father is strict with me sometimes.

(2) They always make a lot of noise during class.

01 ① sometimes는 '가끔'이라는 뜻의 부사예요. ② 귀여운 ③ 배고픈 ④ 졸린 ⑤ 좋은

02 -ly로 끝난다고 모두 부사가 아니에요. ① lovely(사랑스러운), ③ friendly(상냥한)처럼 -ly로 끝나는 형용사도 있어요. ④ beautiful(아름다운)과 ⑤ excited(신난)도 형용사이고, ② only(오직, 단지)는 부사입니다.

03 look 뒤에 형용사가 오면 '~해 보인다'라는 의미인데 이때 형용사 자리에 부사가 오면 안 돼요. ④ nicely(멋지게)는 부사라서 빈칸에 들어갈 수 없어요. ② lovely(사랑스러운)는 형용사예요.

04 '심지어'라는 뜻의 부사는 ⑤ even이에요.

05 '정말로'라는 뜻의 부사는 ① really입니다.

06 형용사가 명사를 꾸밀 때, 명사 앞에서 꾸며 주어야 해요. ② → Have a nice day! ⑤ → She has a cute cat.
① 아름다운 빨간 장미가 있다. ② 좋은 하루 보내세요! ③ 나는 저 파란 셔츠를 원해. ④ 그는 가족들과 좋은 시간을 보내는 중이다. ⑤ 그 여자는 귀여운 고양이를 키운다.

07 ③의 happily는 동사 is telling을 꾸미고, 나머지에서는 밑줄 친 부사가 문장 전체를 꾸며요.
① 사실은, 그건 사실이 아니야. ② 다행스럽게도, 난 그 열쇠를 갖고 있어. ③ 그 여자는 행복하게 그 이야기를 하는 중이야. ④ 운 좋게도, 날씨가 아주 좋네. ⑤ 마침내, 그 여자가 깨어나고 있어.

08 ①, ②는 빈도부사가 바르게 쓰인 올바른 문장이에요. ③은 빈도부사 usually가 be동사 뒤에 와야 해요. (→ He is usually late.) ④는 형용사가 명사 앞에 나와야 해요. (→ I have a white puppy.) ⑤는 빈도부사 often이 일반동사 앞에 와야 해요. (→ We often read books together.)

① 나는 언제나 아침을 먹어. ② 그 여자는 절대로 일찍 일어나지 않아. ③ 그는 주로 늦어. ④ 나는 흰 강아지가 있어. ⑤ 우리는 자주 같이 책을 읽어.

09 어법상 어색한 문장은 ⓑ, ⓔ예요. ⓑ는 빈도부사 sometimes가 be동사 뒤로 가야 하고 (→ They are sometimes very noisy.) ⓔ도 빈도부사 never가 be동사 뒤에 와야 해요. (→ Mom is never angry at me.)

ⓐ 난 언제나 너와 함께 있어. ⓑ 그들은 가끔 아주 소란스러워. ⓒ 톰은 항상 시험에서 좋은 점수를 받아. ⓓ 그 여자는 가끔 노래방에 가. ⓔ 엄마는 나에게 절대 화내시지 않아.

10 빈도부사 always는 일반동사 do 앞에 들어가야 해요. (그들은 항상 수업 시간에 최선을 다한다.)

11 빈도부사 never는 일반동사 goes 앞에 들어가야 해요. (그 여자는 13일의 금요일에 절대 밖에 나가지 않는다.)

12 be동사가 쓰인 문장에서 빈도부사 sometimes는 be동사 뒤(①), 문장 맨 앞(③), 문장 맨 뒤(④)에 올 수 있어요. (수학 시험은 가끔 매우 어렵다.)

13 (1) 아빠의 신발은 너무 낡았다. 아빠는 새 신발이 필요하다.
(2) 사람들은 동물 보호소에서 귀여운 개들만 데려간다. 그들은 못생긴 개들을 데려가지 않는다.
(3) 그 마법사는 놀라운 속임수를 쓰고 있다. 그것들은 정말로 환상적이다.
(4) 찰리는 대가족을 갖고 있다. 그는 부모님과 조부모님과 같이 산다.

14 (1) '보통': usually (2) '가끔': sometimes (3) '자주': often

15 (1) 빈도부사 sometimes는 be동사 뒤에 와야 해요. 또는 문장 맨 앞이나 맨 뒤에 올 수도 있어요. (내 아버지는 가끔 나에게 엄하시다.)
(2) 빈도부사 always는 일반동사 앞에 와야 해요. (그들은 항상 수업 중에 많은 소음을 낸다.)

·147쪽·
형용사 · 부사 개념 정리

01 형용사　　**02** 앞, 뒤, look, taste

03 명사, 형용사, ly　　**04** 빈도

05 always, usually, often, sometimes, never　　**06** 앞, 뒤

UNIT 35 명령문

• 150쪽 •

A
> 1 Go to bed.   2 Come in!

1 명령문에서 Be는 뒤에 형용사가 올 때 쓰는 거지, 뒤에 다른 동사가 나올 때는 쓰면 안 돼요.

2 명령문은 동사원형으로 시작해요.

B
> 1 Park   2 open
> 3 OK   4 OK
> 5 Be kind

1 be동사와 일반동사를 같이 쓰면 안 돼요.

2 사람 이름 뒤에 콤마(,)가 있으면 이름을 부르는 거예요. 따라서 이 문장은 명령문이고 동사원형 open으로 시작해야 해요.

3 형용사 nice(착한)가 뒤에 오니까 문장을 be동사의 원형인 'be'로 시작하는 것이 맞아요.

4 명령문을 좀 더 부드럽게 만드는 please를 문장 맨 앞이나 뒤에 붙일 수 있어요.

5 형용사 kind 앞에 be동사의 원형인 'be'가 와야 해요.

C
> 1 Don't talk   2 Turn
> 3 Don't take   4 Don't kick

해야 할 것은 동사원형으로 시작하는 긍정 명령문으로 쓰고, 하지 말아야 할 것은 Don't로 시작하는 부정 명령문으로 쓰세요.

D
> 1 Don't   2 Don't
> 3 Never

부정 명령문은 Don't로 시작하고, Don't 대신 Never를 쓰면 '절대 ~하지 마라'는 뜻의 강한 부정 명령문이 됩니다.

UNIT 36 청유문

• 152쪽 •

A
> 1 Let's   2 swim

1 '우리 ~하자'는 청유문은 Let us의 줄임말인 Let's로 시작해요. Let만 쓰면 안 돼요.

2 Let's 뒤에는 동사원형이 와야 해요.

B
> 1 Let's listen   2 Let's play
> 3 Let's finish   4 Let's watch
> 5 Let's study

청유문은 동사원형 앞에 Let's를 붙이면 됩니다.

C
> 1 Let's   2 Let's not

청유문은 'Let's+동사원형'으로 나타내고, 부정 청유문은 'Let's+not+동사원형'으로 써요.

D
> 1 c   2 b
> 3 d   4 a

1 나 피곤해. – 일찍 자러 가자.
2 나 배불러. – 디저트 먹지 말자.
3 점심시간이야! – 점심 먹자.
4 저 영화 재미없어 보여. – 그거 보지 말자.

MINI REVIEW Units 35-36

• 154쪽 •

A
> 1 play   2 eat
> 3 Wear   4 study

B
> 1 Be nice to people.
> 2 Don't wear a suit.
> 3 Call back later, please. 또는 Please call back later.
> 4 Let's not go to the park.
> 5 Let's do our homework together.

명령문과 청유문의 긍정, 부정 형태를 잘 기억하세요. 3번에서처럼 문장의 앞/뒤에 please를 붙이면 부드러운 명령문이 됩니다.

C
1 Let's not eat ramen at night.
2 Don't be rude to your grandmother.

1 부정 청유문은 'Let's+not+동사원형'으로 써요.
2 부정 명령문은 동사원형 앞에 Don't를 붙여요. 뒤에 형용사 rude(무례한)가 나오므로 Don't 뒤에 be동사의 원형인 be를 써 주어야 해요.

D
1 Don't play the music too loudly.
2 Be polite to your teachers.
3 Let's not go to the party.

E
1 Raise   2 Don't eat
3 Be   4 Look

1 손을 들고 말하세요.
2 음식을 먹지 마세요.
3 조용히 하세요.
4 칠판을 보세요.

UNIT 37 There is/are (1) • 156쪽 •

A
1 is   2 are
3 is   4 are

There is 뒤에는 단수 명사가 오고, There are 뒤에는 복수 명사가 와요.

B
1 There are   2 There is
3 There are

뒤에 장소 표현을 덧붙여서 '~에' 있다는 것을 나타낸 문장들이에요.

C
1 There are not coins.
2 There is a pencil.
3 There aren't lions.
4 There are bananas.

그림을 보고 There is/are의 긍정문을 써야 할지 부정문을 써야 할지 잘 판단하세요. '~이 없다' 또는 '있지 않다'라는 표현은 There is/are+not ~으로 합니다.

D
1 is not   2 aren't
3 OK

1 There is/are의 부정문은 is/are 뒤에 not을 붙입니다.
2 dishes가 복수 명사이므로 isn't가 아니라 aren't가 되어야 해요.
3 trees가 복수 명사이므로 aren't가 맞아요.

UNIT 38 There is/are (2) • 158쪽 •

A
1 Are there   2 Is there
3 Are there   4 Are there

There is/are 의문문은 There와 be동사의 자리를 바꾸면 돼요.

B
1 Are   2 Is
3 Is   4 Are
5 Is

Is there 뒤에는 단수 명사가 오고, Are there 뒤에는 복수 명사가 와요.

C
1 No, there isn't.   2 No, there aren't.
3 Yes, there is.   4 No, there aren't.

There is/are 의문문에 관한 긍정의 대답은 Yes, there is/are.로, 부정의 대답은 No, there isn't/aren't.로 합니다.

D
1 Is, is   2 Are, aren't
3 Are, are

1 방에 피아노가 있니? – 응, 있어.
2 많은 사람들이 있나요? – 아니요, 그렇지 않아요.
3 알래스카에 모기가 있나요? – 네, 있어요.

A
1 There is
2 There aren't
3 There are
4 There isn't

그림에 있는 것은 There is/are 긍정문으로, 그림에 없는 것은 부정문으로 쓰세요. 뒤에 단수 명사가 오는지 복수 명사가 오는지 잘 보고 is 또는 are를 적절히 쓰세요.

B
1 Yes, is
2 No, aren't
3 Yes, is
4 No, aren't

1 피자 한 조각이 있니? – 응, 있어.

2 양이 네 마리 있니? – 아니, 없어. 세 마리 있어.

3 강에 배가 있니? – 응, 있어.

4 스포츠카가 두 대 있니? – 아니, 없어.

C
1 Is there a child in the car?
2 There aren't books on the shelf.
3 There isn't a tiger in the zoo.

1 뒤에 단수 명사(a child)가 있으므로 Are there가 아니라 Is there여야 해요.

2 뒤에 복수 명사(books)가 있으므로 There isn't가 아니라 There aren't여야 해요.

3 뒤에 단수 명사(a tiger)가 있으므로 There aren't가 아니라 There isn't여야 해요.

D
1 there are
2 there isn't
3 there aren't

There is/are 의문문에 관한 긍정의 대답은 Yes, there is/are.로, 부정의 대답은 No, there isn't/aren't.로 합니다.

1 그 방에 사람들이 있니? – 응, 있어.

2 탁자 위에 컵이 있니? – 아니, 없어.

3 무대 위에 배우들이 있나요? – 아뇨, 없어요.

E
1 There are
2 There is
3 There isn't
4 There are
5 There aren't
6 There are

1 세 명의 아이들이 있으므로 There are+복수 명사.

2 개 한 마리가 있으므로 There is+단수 명사.

3 고양이는 없으므로 There isn't+단수 명사.

4 자전거 두 대가 있으므로 There are+복수 명사.

5 벤치들은 없으므로 There aren't+복수 명사.

6 나무들이 있으므로 There are+복수 명사.

CHAPTER REVIEW •162쪽•

01 ②	02 ① ④	03 ⑤
04 ④	05 ①	06 ②
07 ①	08 ④	09 ② ⑤
10 ④	11 ③	

12 Don't throw trash on the floor.

13 don't play

14 there aren't, is

01 부정 명령문은 동사원형 앞에 Don't를 붙이고, 부정의 의미를 강조할 때는 Don't 대신 Never를 붙여요. 따라서 ②는 Never tell lies again.이 되어야 해요.

① 최선을 다해라. ② 절대 다시는 거짓말을 하지 마라. ③ 이 교통 법규를 기억해라. ④ 친구들에게 친절해라. ⑤ 계단에서 뛰지 마라.

02 ① 청유문은 'Let's+동사원형'으로 써요. (→ Let's go to the gym.) ④ 부정 청유문은 'Let's+not+동사원형'으로 써요. (→ Let's not study English.)

① 체육관에 가자. ② 저 신발을 사지 말자. ③ 축구를 하자. ④ 영어를 공부하지 말자. ⑤ 다음 과로 넘어가자.

03 주어진 문장을 바르게 영작한 것은 ⑤입니다.

04 There is 뒤에는 단수 명사가 와야 해요. ④ lots of people(많은 사람들)은 복수 명사이므로 올 수 없어요.

05 명령문은 동사원형으로 시작하고, 부정 명령문은 동사원형 앞에 Don't나 Never를 붙여요.

• 나에게 친절히 대해 줘. • 너무 많이 먹지 마. • 절대 나쁜 말을 하지 마.

06 ②에서 Is there 뒤에는 단수 명사가 와야 하는데 복수 명사 children이 왔으므로 어색한 문장이에요. (→ Are there children in the room?)

① 탁자 아래에 개 한 마리가 있다. ② 그 방 안에 아이들이 있나요? ③ 도서관에 사람들이 많이 있니? ④ 이 근처에 서점이 없다. ⑤ 책상 위에 컴퓨터 두 대가 있다.

07 '너는 아침 식사를 거르지 말아야 한다.' → '아침 식사를 거르지 마.'(Don't skip breakfast.)

08 '학교 도서관에서'(in the school library) 하기에 적절하지 않은 행동을 고르면 돼요. ④는 '큰 소리로 이야기하세요.'라는 뜻이니 적절하지 않죠.

① 먹지 마세요 ② 조용히 하세요 ③ 조용히 걸으세요 ⑤ 바닥에 쓰레기를 버리지 마세요

09 ② '그것(작품)을 만지지 마세요.'와 ⑤ '선을 넘지 마세요.'가 그림의 상황에 적합한 말이에요.

① 일어나세요. ③ 전화 통화하지 마세요. ④ 제 사진을 찍지 마세요.

10 'Please'와 'Thanks'라는 말을 하지 말라는 ④는 학급 규칙으로 어울리지 않아요.

① 창가에 앉지 마세요. ② 수업 중에 필기하세요. ③ 수업 시간에 열심히 들으세요. ⑤ 교실에서 뛰어 다니지 마세요.

11 책상 아래에 공이 하나만 있으므로 ③이 잘못된 설명이에요.

① 벽에 시계가 하나 있다. ② 책상 위에 컴퓨터가 한 대 있다. ③ 책상 아래에 공이 두 개 있다. ④ 벽에 선반이 있다. ⑤ 책상 앞에 의자가 하나 있다.

12 '바닥에 쓰레기를 버리지 마세요.'라는 뜻의 부정 명령문을 쓰면 돼요.

13 두 아이들이 길에서 놀고 있는데 차들이 오고 있는 상황이므로, 길에서 놀지 말라고 하는 것이 적절하겠죠. (이봐, 얘들아, 길에서 놀지 마! 위험해.)

14 그림에서 나무가 한 그루밖에 없으므로, 부정의 대답을 하고, '겨우 한 그루밖에 없다;'고 덧붙이는 것이 적절해요.

여러 가지 문장 개념 정리 • 165쪽 •

01 명령, 동사원형	**02** Don't, Never
03 제안(권유), Let's	**04** not
05 있다, 단수, 복수	**06** not
07 there	

UNIT 39 전치사 at • 168쪽 •

A

1 at	**2** at
3 at	**4** at

시간을 나타내는 전치사 at은 구체적인 시각, 특정한 시점을 나타낼 때 사용됩니다.

B

1 3시 20분에	**2** 7시에
3 정오에	

C

1 at school, 학교에서
2 at the bus stop, 버스 정류장에서
3 at the party, 파티에서

장소를 나타내는 전치사 at은 비교적 좁고 구체적인 장소(집, 학교 등) 앞에 씁니다. 3번의 the party처럼 어떤 일이 일어나고 있는 상황 앞에도 at을 써요.

D

1 장소	**2** 장소
3 시간	

전치사 at은 시간 앞에 쓰일 수도 있고 장소 앞에 쓰일 수도 있어요.

UNIT 40 전치사 on • 170쪽 •

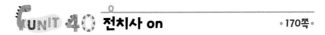

A

1 on	**2** at
3 on	**4** on

4 '크리스마스 날'은 특정한 날이므로 on을 써요.

B

1 on	**2** at
3 on	

시간을 나타내는 전치사 on은 날짜, 요일, 특정한 날을 나타낼 때 사용되고, at은 구체적인 시각, 특정한 시점을 나타낼 때 사용돼요.

C

1 on	2 on
3 on	4 on

1-3 장소를 나타내는 전치사 on은 표면에 붙어 있는 상태를 나타내요.

4 교통수단을 타고 있는 것을 나타낼 때 on을 써요.

D

1 on	2 on
3 OK	

1 벽 표면에 붙어 있는 것이므로 전치사 on을 씁니다.

2 교통수단에 타고 있는 것을 나타낼 때 전치사 on을 써요.

3 좁고 구체적인 장소(집, 학교 등)에 있다고 할 때 전치사 at을 쓰므로 올바른 문장입니다.

UNIT 41 전치사 in
• 172쪽 •

A

1 in	2 in
3 in	4 in

시간을 나타내는 전치사 in은 연도, 월, 계절, 등 비교적 긴 시간을 나타낼 때 사용돼요.

B

1 in	2 in
3 at	4 in

1 계절 앞에는 in을 씁니다.

2 오전(아침), 오후, 저녁에는 in을 씁니다.

3 시각을 나타낼 때는 at을 씁니다.

4 달 앞에는 in을 씁니다.

C

1 in	2 in
3 in	4 in

장소를 나타내는 전치사 in은 공간의 내부에 있다는 것을 말할 때 사용하고, 도시, 나라 등 비교적 넓은 장소 앞에 사용합니다.

D

1 in	2 OK
3 in	4 OK

1 나라 앞에 in을 써요.

2 피부 표면 위에 바르는 것이니까 on이 맞아요.

3 방의 내부에 있다는 뜻이니까 in을 써야 해요.

4 도시 앞에 in을 쓰니까 맞아요.

MINI REVIEW Units 39-41
• 174쪽 •

A

1 on	2 in
3 at	4 in
5 on	6 at

1 땅 표면 위에 있는 것이니까 on

2 상자 내부에 있는 것이니까 in

3 시각 앞에는 at

4 연도 앞에는 in

5 요일 앞에는 on

6 학교와 같은 구체적인 장소 앞에 at

B

1 in	2 in
3 in	4 on
5 at	6 in
7 at, in, on	

1 나라 앞에는 in을 써요.

2 오전(아침), 오후, 저녁에는 in을 써요.

3 달 앞에는 in을 써요.

4 요일 앞에는 on을 써요.

5 '조쉬의 집'이라는 구체적인 장소에는 at을 써요.

6 도시 앞에는 in을 써요.

7 시각 앞에는 at, 오후 앞에는 in, 날짜 앞에는 on을 써요.

C

1 on → My children are at school now.

2 at → Jack is having a trip in Spain.

3 at → We have a lot of snow in winter.

1 학교라는 구체적인 장소에 있는 것이므로 at을 써요.

2 나라 앞에는 in을 써요.

3 계절 앞에는 in을 써요.

D
  1 Let's meet at the movie theater.
  2 The concert is at 5:30 on May 6.
  3 Mom cooks turkey on Thanksgiving Day.

E
  1 in   **2** in
  3 on   **4** at

1-2 오전, 오후, 저녁 앞에는 in을 씁니다.
3 러닝머신 위에 붙어서 뛰는 것이므로 on을 씁니다.
4 집이라는 구체적인 장소이므로 at을 씁니다.

안녕. 나는 벨라야. 오늘은 토요일이야. 나는 학교에 가지 않지만 아주 바빠. 나는 오전에 영어를 공부해. 오후에는 헬스클럽에 가. 나는 러닝머신에서 달려. 그 다음에는 집에서 숙제를 해.

UNIT 42 접속사 (1)
• 176쪽 •

A
  1 b   **2** a
  3 c

접속사 and는 문법적으로 같은 형태의 말을 이어 줘요.
1 명사(boys)와 명사(girls)를 연결해요.
2 동사(clean the house)와 동사(wash the dishes)를 연결해요.
3 형용사(fast)와 형용사(strong)를 연결해요.

B
  1 He is kind and friendly.
  2 I like bananas and apples.
  3 Chris sings and dances well.

접속사 and는 같은 형태의 말을 이어 줘요. 그밖에 겹치는 말들은 생략해 주세요. 1번에서는 형용사와 형용사를, 2번에서는 명사와 명사를, 3번에서는 동사와 동사를 이어 주고 있어요.

C
  1 I am sad, but I don't cry.
  2 Seho is tall, but he is not strong.
  3 Dave likes dogs, but he doesn't like cats.

1 나는 슬프지만 울지 않는다.

2 세호는 키가 크지만 힘이 세지는 않다.
3 데이브는 개를 좋아하지만 고양이는 좋아하지 않는다.

D
  1 but   **2** but
  3 but   **4** and

접속사 but은 반대되는 내용을 이어 주고, and는 비슷한 내용을 이어 줘요. 겹치는 내용은 생략할 수 있어요.

UNIT 43 접속사 (2)
• 178쪽 •

A
  1 Pete is a singer ✓an actor.
  2 He is Korean ✓Japanese.
  3 Do you want hard bread ✓soft bread?
  4 Does Nathalie have an older sister ✓ a younger sister?

접속사 or는 둘 중 하나를 말하는 경우에 사용합니다. 'A 아니면 B'의 선택을 물어 보는 의문문에서 자주 사용돼요.

B
  1 or   **2** or
  3 or

1 그 행사가 3월에 있니, 아니면 4월에 있니?
2 너는 초콜릿 아이스크림을 원하니, 아니면 딸기 아이스크림을 원하니?
3 그는 버스로 등교하니, 아니면 지하철로 등교하니?

C
  1 c   **2** a
  3 b   **4** d

1 시험이 끝났다. 그래서 나는 컴퓨터 게임을 하고 있다.
2 짐은 운동을 많이 한다. 그래서 그는 아주 튼튼하다.
3 지하철이 오지 않고 있다. 그래서 나는 학교에 늦었다.
4 이 방은 덥다. 그래서 나는 창문을 열고 있다.

D
  1 so   **2** or
  3 but   **4** so, and

1 나는 오늘 숙제가 없다. 그래서 일찍 자러 간다.
2 너는 검은 드레스를 원하니, 아니면 흰 드레스를 원하니?

3 이것은 내가 제일 좋아하는 책인데 언니는 그걸 좋아하지 않는다.

4 할머니는 동물을 사랑하셔서 개 두 마리와 고양이 한 마리를 키우신다.

1 준은 고양이와 개를 좋아하지만 그것들에게 알레르기가 있다.

2 방과 후에 친구들과 농구 또는 축구를 한다고 했으므로 '또는'에 해당하는 접속사 or가 알맞아요.

3 '그는 미스터리물을 굉장히 좋아해서 주말에 미스터리 소설을 읽는다.'라는 의미가 되어야 자연스러우므로 '그래서'에 해당하는 접속사 so가 알맞아요.

MINI REVIEW Units 42-43
•180쪽•

A

1 d, f	**2** a, c
3 b, e, g	**4** h

각 접속사의 뜻을 잘 기억하세요.

B

1 but	**2** and
3 or	**4** so

1 나는 너를 알지만 네 이름을 기억하지 못해.

2 그 여자는 개 한 마리와 고양이 한 마리를 키운다.

3 케이크 드시겠어요, 아니면 사과 드시겠어요?

4 그는 열심히 일한다. 그래서 그는 돈을 많이 번다.

C

1 and → Joe's birthday is on this Friday or Saturday.

2 kindly → She is polite and kind to everyone.

1 '금요일 아니면 토요일'이 자연스러우므로 and 대신 or를 써야 해요. (조의 생일은 이번 금요일 아니면 토요일이다.)

2 접속사 and 앞뒤로는 같은 형태가 와야 합니다. 앞에는 형용사 polite가 왔는데 뒤에는 부사 kindly가 와서 어색해요. 형용사 kind로 고쳐야 해요. (그 여자는 모든 사람에게 예의 바르고 친절하다.)

D

1 My mom likes tomatoes, but I don't like them.

2 I like action movies and horror movies.

1 엄마는 토마토를 좋아하시지만 나는 좋아하지 않는다.

2 나는 액션 영화와 공포 영화를 좋아한다.

E

1 and, but	**2** or
3 so	

CHAPTER REVIEW
•182쪽•

01 ④ ⑤	**02** ⑤	**03** ②
04 ①	**05** ③	**06** ③
07 ①	**08** ②	**09** ④
10 ②	**11** ③	

12 (1) in　(2) at　(3) on　(4) On　(5) on

13 (1) kind and sweet
(2) but I don't like it

14 (1) (A) and (B) brown hair
(2) (A) but (B) it's not cold
(3) (A) or (B) in August

01 ④ 전치사는 생략할 수 없습니다. ⑤ 두 문장을 하나로 이어주는 것은 접속사예요.

02 ⑤에서 at은 시간을 나타내는 전치사이고, 나머지에서는 장소를 나타냅니다.

① 도서관에서 만나자. ② 우리는 학교에서 영어를 배운다. ③ 나는 자주 그 꽃집에서 꽃을 산다. ④ 그는 수영장에서 즐거운 시간을 보내는 중이다. ⑤ 그 축제는 오후 7시에 시작한다.

03 ② Thanksgiving Day는 특정한 날이므로 on이 맞아요.
① ③ 시각 앞이므로 at ④ 요일 앞이므로 on ⑤ 계절 앞이므로 in

① 오전 9시에 만나자. ② 사람들은 추수감사절에 칠면조를 먹는다. ③ 그 영화는 2시 30분에 시작한다. ④ 그는 토요일에 텔레비전을 본다. ⑤ 우리는 겨울에 학교에 가지 않는다.

04 장소를 나타내는 전치사 on은 표면에 붙어 있는 상태를 나타냅니다.

05 시간을 나타내는 전치사 on은 날짜, 요일, 특정한 날을 나타낼 때 사용됩니다.

06 ③ 나라 앞에는 in이 와야 해요. (at → in)

① 그는 지금 학교에서 공부하는 중이다. ② 밤에 음악을 크게 틀지 마. ③ 내 친구 중 한 명은 미국에서 공부한다. ④ 내 삼촌은 춘천에 사신다. ⑤ 네 그림을 벽에 걸어.

07 and는 '그리고', '~와'라는 뜻입니다. (나는 망고와 멜론을 좋아해. 그것들은 달아.)

08 but은 '그러나', '그런데'라는 뜻입니다. (나는 앨리슨을 좋아한다. 그러나 그 애의 제일 친한 친구는 좋아하지 않는다.)

09 두 문장 다 앞의 내용이 원인이고 뒤의 내용이 결과이므로 접속사 so로 연결하는 것이 자연스러워요.

• 기말 시험이 끝나서 난 행복해. • 할머니는 프라이드치킨을 좋아하셔. 그래서 자주 그걸 드셔.

10 브로콜리와 당근을 둘 다 좋아하는 그림이므로 and로 연결하는 것이 자연스러워요.

11 어법상 옳은 문장은 ⓐ, ⓑ, ⓔ입니다. ⓒ는 주어가 she이므로 but 뒤의 don't가 doesn't여야 해요. (→ She likes math, but she doesn't like science.) ⓓ는 접속사 or가 앞뒤로 연결하는 두 가지가 같은 형태여야 해요. or 앞에는 명사 a cold drink가 왔으므로 뒤에도 형용사 hot이 아니라 명사 a hot drink가 되어야 해요. (→ Do you want a cold drink or a hot drink?)

ⓐ 그는 젊고 튼튼하다. ⓑ 우리는 선생님 말씀을 귀 기울여 듣고 열심히 공부한다. ⓒ 그 애는 수학을 좋아하지만 과학은 좋아하지 않는다. ⓓ 너는 찬 음료를 원하니, 아니면 따뜻한 음료를 원하니? ⓔ 그는 좋은 친구라서 모두가 그를 좋아한다.

12 (1) 계절 앞에 in

(2) 시각 앞에 at

(3) 날짜 앞에 on

(4) 특정한 날 앞에 on

(5) 요일 앞에 on

13 (1) 친절하고(kind) 다정한(sweet) 것은 비슷한 점이므로 비슷한 것을 연결하는 접속사 and를 써서 이어 주면 돼요. (그 남자는 친절하고 다정하다.)

(2) 앨리슨은 힙합을 좋아하지만 나는 좋아하지 않는다는 반대의 내용이므로 접속사 but으로 연결하는 것이 자연스러워요. (앨리슨은 힙합을 정말 좋아하지만 나는 그것을 좋아하지 않는다.)

14 (1) 스티브는 갈색 눈과 갈색 머리를 갖고 있다.

(2) 눈이 오고 있다. 그러나 춥지는 않다.

(3) 네 생일이 7월에 있니 아니면 8월에 있니?

•185쪽•

전치사 · 접속사 개념 정리

01 전치사, 앞   **02** at, on, in

03 at, on, in   **04** 접속사

05 and, but   **06** or, so

Memo